빛깔있는 책들 204-1

요가

글/정태혁 ● 사진/주종설

대원사

정태혁 ──────────

동국대학교 불교학과를 졸업했으며 일본 동경대학원에서 인도철학 전문 과정을 수료했다. 일본 동경, 경도에서 요가를 연구했으며 중화 학술원철사 철학박사, 동국대학교 인도철학과 교수를 지냈다.
「요가의 복음」을 냈다.

주종설 ──────────

중앙대학교 사진학과를 졸업했다. 대우 기획조정실에서 여덟 해 동안 사진 일을 맡아 했다. 현재 스튜디오를 경영하고 있다.

요가

사진으로 보는 요가

요가를 할 때에는 다음과 같은 주의 사항을 지켜야 한다. 첫째 식후 서너 시간이 지난 다음이나 식전이 좋다. 둘째 계속해서 한 시간 이상은 무리하게 하지 않는다. 셋째 동작마다 그 신체 부위에 정신을 집중하고, 그 동작과 호흡이 서로 조화되도록 한다. 넷째 운동의 각 동작 사이에 적당하게 휴식을 취한다. 다섯째 여자의 생리 기간이나 임신 중에는 가벼운 호흡과 명상만 한다. 여섯째 운동 직후에 목욕을 하거나 무리한 노동을 하지 않는다. 일곱째 수행 장소는 한적하고 조용하고 공기가 맑은 곳에서 한다. 여덟째 옷차림은 팬티만 입은 정도의 가볍고 피부를 많이 노출시킨 상태가 좋으며 정전기가 일어나지 않고 땀을 잘 흡수하는 면 종류가 좋다.

1   2

삼각체위(Trikonāsana)

방법 1. 다리를 옆으로 벌리고 서서 숨을 마시면서 양손을 옆으로 편다. 2. 숨을 내쉬며
몸을 한쪽으로 기울인다. 3. 다시 숨을 들이쉬며 처음 자세로 돌아온다. 완성 숨을 내쉬
며 한쪽 손끝을 반대편 발끝에 대고, 머리는 위에 있는 다른쪽 손끝을 바라본다.

효과 척추와 내장의 위치 이상을 바르게 하며 요통이나 장기의 이상을 치료하고, 다리를
길게 하고 허리를 가늘게 한다.

3

완성

1

2

갈고리체위(Ankśāsana)

방법 1. 엄지 발끝까지 붙인 상태로 서서 숨을 마신다. 2. 숨을 내쉬면서 몸을 앞으로 구부린다. 완성 발목을 잡은 채 이마를 무릎에 대고 배는 완전히 등쪽으로 잡아당기며 숨을 내쉰다.

효과 장의 활동을 촉진시켜서 변비 등을 치료하고 복부의 군살을 없앤다.

낙타체위(Uṣṭrāsana)

방법 1. 무릎을 꿇고 어깨 넓이만큼 벌린 다음 선다. 2. 한 손으로 발목을 잡고 다른 손은 머리 위로 간다. 3. 숨을 마시고 내쉬면서 상체를 뒤로 제친다. 양손으로 발목을 잡고 선다. **완성** 숨을 마시고 내쉬면서 상체를 뒤로 넘긴다.

효과 가슴을 펴주어 심폐 기능을 강화하고, 굽은 등을 펴주어 자세를 바르게 한다.

완성

15

변형

변형

소얼굴체위 (Gomukhāsana)

방법 완성 무릎을 꿇고 앉아서 한 손은 밑으로 하고, 다른 손은 어깨 뒤로 넘겨서 서로 마주 잡는다. **변형** 손을 놓지 말고 몸을 구부린다. **변형** 무릎을 꿇고 앉은 자세에서 등 뒤의 손바닥을 마주 대고 밀어 올린다.
효과 어깨와 등의 경직을 풀어주어 견비통과 심폐 질환에 좋고, 어깨의 선을 아름답게 한다.

1

2

거북이체위 (Kūrmāsana)

방법 1. 두 손으로 한쪽 발목을 잡고 얼굴쪽으로 당긴다. 2. 다리를 완전히 목 뒤에 감
는다. **변형** 상체를 바닥에 대고 다리를 동시에 목 뒤에 감는다.

효과 하체와 허리를 유연하게 하며, 시력과 정력이 좋아진다.

변형

변형

다리가위펴기체위 (Pādarājakapotāsana)

방법 1. 한쪽 무릎은 구부리고 다른쪽 다리는 뒤로 편다. 2. 뒤로 편 무릎을 구부리고 양 손으로 발목을 잡는다. 3. 두 다리를 앞뒤로 곧게 편다. **완성** 두 다리를 앞뒤로 편 상태에 서 손을 위로 들어 손바닥을 붙인다.

효과 허리와 하체를 부드럽게 하고 순환을 도와서 갑상선이나 부신 기능을 강화하고, 정 력을 증진시키며 생리불순 따위를 치료한다.

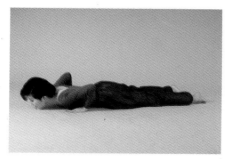

1

2

3

4

5

뱀체위 (Bhujaṃgāsana)

방법 1. 엎드려서 양팔을 겨드랑 밑에 받치고 한쪽 무릎을 구부린다. 2. 숨을 마시며 상체를 든다. 3. 숨을 내쉬며 구부린 무릎쪽으로 상체를 비튼다. 4. 두 다리를 편 상태로 엎드린다. 5. 숨을 마시며 상체를 들고 멈춘다. 완성 완성된 상태에서 두 다리를 구부린다.

효과 자세를 바르게 하고 심폐를 강화하며 변비, 신장질환에 좋다. 엉덩이를 탄력있게 하고, 자신감을 갖게 한다.

완성

1

2

3

4

완성

활체위 (Dhanurāsana)

방법 1. 엎드려서 한 손으로 반대편 발목을 잡는다. 2. 숨을 마시며 상체와 하체를 동시에 든다. 3. 엎드려서 손으로 같은쪽 발목을 잡는다. 4. 엎드려서 두 손으로 두 발목을 잡는다. **완성** 숨을 마시며 상하체를 동시에 들고 그대로 있는다.

효과 자세를 바르게 하고 특히 앞으로 굽은 자세에 좋다. 이 자세는 소화기계통의 질환에 좋고 간과 대장 질환에도 좋으며, 비만증을 해소한다.

1

2

3

4

완성

다리벌리기체위 (Upaviṣṭha Konāsana)

방법 1. 다리를 옆으로 벌리고 앉아서 양손을 깍지낀 채로 머리 위로 편다. 2. 숨을 내쉬며 한쪽으로 상체를 기울이며 팔을 발끝 멀리 내민다. 3. 숨을 내쉬며 반대쪽으로 몸을 기울이고 팔을 발끝 멀리 내민다. 4. 두 손을 다리 안쪽에 대고 숨을 내쉬며 구부린다.
완성 두 손을 뻗은 채 숨을 내쉬며 상체를 구부린다.
효과 수축된 골반을 펴주고 신장에 좋은 자극을 준다. 좌골신경통이나 요통에 좋고 다리의 각선미를 좋게 한다.

1

2

3

4

완성

등펴기체위 (Paśimottānāsana)

방법 1. 한쪽 다리를 구부려서 반대 무릎 위에 놓고 앉는다. 2. 숨을 내쉬며 상체를 구부려서 펴놓은 발끝을 당긴다. 3. 두 다리를 펴고 앉는다. 4. 숨을 마신 상태에서 상체를 앞으로 구부린다. **완성** 숨을 완전히 내쉰 상태에서 두 발끝을 당기며 몸을 구부리는데 이 때 배를 등쪽으로 당기고 항문의 괄약근을 조인다.

효과 발끝에서부터 목까지의 뒤쪽 근육을 늘려주어 요통이나 피로에 좋으며, 복부를 강화하여 소화기계통을 좋게 한다. 탈항이나 장하수의 치료 효과가 높고 허리를 가늘게 하며 노화를 방지한다.

1

2

3

30

완성

누운영웅체위 (Suptāvirāsana)

방법 1. 무릎을 꿇는다. 2. 두 손으로 상체를 받치며 눕는다. 3. 두 손을 머리 뒤로 편다.
완성 목 뒤에서 손을 깍지끼고 조용히 호흡한다.
효과 골반을 수축시켜 엉덩이의 군살을 제거하고, 무릎과 고관절을 유연하게 하고 심폐
를 편안히 하며 좌골신경통에 좋다.

1

2

3

메뚜기체위 (Salabhāsana)

방법 1. 두 손을 옆으로 펴고 엎드린다. 2. 숨을 마시며 한쪽 다리를 든다. 3. 두 손을 다리 옆에 둔다. **완성** 숨을 마시며 두 다리를 높이 들고 그대로 있는다.
효과 허리 근육을 수축시켜 허리를 강화하며, 폐와 함께 신장 기능을 강화한다. 엉덩이의 군살을 없애 주고 인내심을 길러 준다.

1

2

3

34

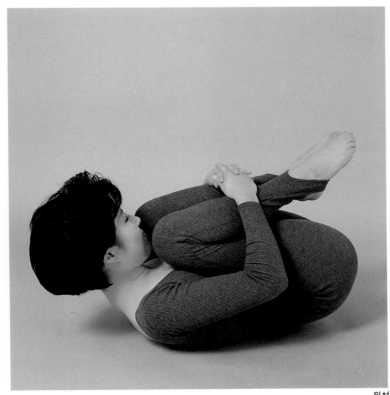

완성

방귀체위 (Vātāsana)

방법 1. 등을 대고 누워서 한쪽 다리를 구부린 다음 양손으로 다리를 잡는다. 2. 숨을 마시고 내쉬며 무릎을 당긴다. 3. 두 무릎을 동시에 잡는다. **완성** 두 다리를 동시에 가슴쪽으로 당기며 숨을 내쉬고, 배를 등쪽으로 끌어당기고 괄약근을 조인다.
효과 복부의 근육을 수축시켜서, 내장의 근육도 동시에 수축시킨다. 장의 기능을 촉진시키고, 후굴된 요통에 좋으며, 복부의 지방을 없애 준다.

1

2

3

4

구름다리체위 (Dvārāsana)

방법 1. 무릎을 세워서 누운 채로 양 발목을 잡는다. 2. 숨을 마시며 엉덩이를 높이 든다. 3. 두 손끝을 어깨 위 바닥에 댄다. 4. 숨을 마시며 팔을 펴서 몸을 공중에 띄우듯 이 한다. 완성 완성된 상태에서 조용히 호흡을 하며 그대로 있는다.

효과 척추 전체를 이완시키며, 심폐를 강화한다. 몸을 유연하게 하며 특히 비만에 좋다.

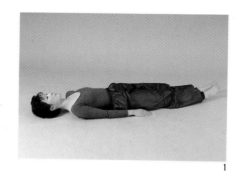

1

2

3

쟁기체위(Halāsana)

방법 1. 등을 대고 눕는다. 2. 숨을 마시며 다리를 든다. 3. 숨을 내쉬며 허리를 들어 다리를 머리 뒤로 넘긴다. **완성** 다리를 머리 위로 멀리 넘기고, 두 팔은 바닥에 댄다.
효과 척추를 유연하게 하여 노화를 방지하고, 갑상선 기능을 조절하며 비대증, 신경장애, 소화기질환에 좋다.

완성

1

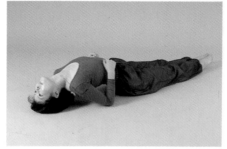

2

3

완성

물고기체위 (Matsyāsana)

방법 1. 등을 대고 누워서 팔꿈치를 바닥에 댄다. 2. 팔로 바닥을 누르고 상체를 들어 정
수리를 바닥에 댄다. 3. 결가부좌를 하고 팔꿈치로 눌러서 정수리로 선다. **완성** 두 손으
로 두 엄지발가락을 잡고 정수리를 바닥에 댄다.

효과 목과 등을 펴주어 신경계통을 강화한다. 뇌하수체, 갑상선 따위의 내분비 기능을 정
상으로 하며 가슴을 아름답게 한다.

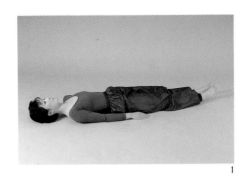

1

2

전신체위(Sarvāṅgāsana)

방법 1. 등을 대고 눕는다. 2. 숨을 마시며 두 다리를 든다. 완성 두 손으로 허리를 받치며 거꾸로 선다.

효과 체위의 여왕이라고 할 만큼 효과가 좋으며, 특히 여성의 미용이나 질병에 특효가 있다. 생식선, 갑상선 기능을 촉진하고 얼굴의 주름과 조로를 예방한다.

1

2

3

물구나무서기체위 (Śirśāsana)

방법 1. 무릎을 꿇고 손가락을 깍지 낀 다음 손과 팔이 정삼각형이 되도록 바닥에 댄다.
2. 정수리를 바닥에 대고서 무릎으로 일어나 다리를 편다. 3. 뒤로 쓰러지듯이 하여 몸
이 앞으로 가면서 두 발을 바닥에서 뗀다. 완성 허리로 균형을 잡으면서 선다.

효과 체위의 왕이라고 할 만큼 효과가 전신에 대단히 좋게 미친다. 모든 질병의 치료 및
예방에 좋으며, 노화방지, 기억력증진, 정신집중에도 매우 좋으므로 요가수행자는 언젠
가는 반드시 해야 하며, 벽에 기대지 않도록 노력하여야 한다.

완성

비틀기체위(Ārthamasyendrāsana)

방법 1. 바닥에 손을 대고 앉아 한쪽 다리를 구부려서 반대 무릎 위에 세운다. 2. 세운 다리는 반대쪽으로 구부리고, 머리는 다리 반대쪽으로 비튼다. 3. 무릎 밖으로 발을 놓고 반대 손으로 무릎 밖에서 발목을 잡는다. 4. 숨을 내쉬며 반대로 몸을 비튼다. 5. 편 다리를 밑으로 구부리고 등 뒤에 손등을 댄다. 완성 숨을 내쉬며 몸을 비튼다.

효과 몸을 비틀므로 해서 몸통의 근육, 내장, 척추를 바르게 하고 탄력을 준다. 따라서 비만이나 척추의 왜곡에 좋고 허리를 가늘게 한다.

완성

47

완성

1

골반안정체위 (Baddhakoṇāsana)

방법 1. 발바닥을 마주대고 앉는다. 완성 숨을 내쉬며 상체를 앞으로 구부리고, 두 무릎을
바닥에 대려고 노력한다.
효과 골반을 안정시켜 좌골신경통에 좋으며 신장과 허리를 강화한다.

완성

1

사자체위 (Siṁhāsana)

방법 1. 무릎을 꿇고 손바닥을 펴서 무릎에 댄다. **완성** 눈은 크게 떠서 코끝을 바라보고,
입은 크게 벌려서 혀를 길게 빼고, 턱을 당겨서 가슴에 대려고 한다.

효과 안면 근육에 자극을 주어 안면신경마비 같은 얼굴병에 좋고, 심장을 강화하고, 자
신감을 주고, 갑상선 기능을 정상으로 회복시키고, 노화방지 호르몬의 분비를 촉진시
킨다.

완성

요가

요가란 무엇인가 ?

　　인도인이 고안해 낸 문화 유산 중에서 영원히 빛날 요가는 이제 온 인류의 것이 되었다. 요가의 목표는 우주의 신비력을 체득하여 인격을 완성하는 것인데, 이런 점에서 요가는 종교의 일종임에 틀림없다.

요가의 고향인 히말라야

　　세계의 지붕인 히말라야는 인류 문화의 산실이기도 하다. 한 해 내내 눈에 덮여 있기 때문에 설산(雪山)이라고 불리는 세계 최고의 산인 히말라야는 인류 최고의 정신 문화를 낳았다.

　　인도와 중국과의 사이에 동서로 가로질러 하늘 높이 장벽을 이루고 있는 이 큰 산맥을 가리켜 인도 사람은 세계의 등뼈라고도 한다. 인도의 신화에 나오는 수메르(Sumer)도 이 산을 두고 이른 말이다.

　　이 산맥 안에 세계에서 가장 높은 칸첸중가라는 산이 있으니 높이가 29200 척이요, 이 밖에 15000 척이 넘는 산들이 항상 눈을 이고 있다. 이보다 좀 낮은 산들은 겨울이 되면 눈에 덮이나 여름이 되면 눈이 녹아서 빙하를 이룬다. 여기에는 약초, 향나무 들이 무성하며 예부터 향취산(香醉山)이라고 하니, 산으로 들어가는 사람을 향기로 취하게 하기 때문이다.

향나무의 종류도 다양하고 그 향기는 이 세상을 깨끗이 정화하는 것이기도 하다. 인도인들이 일상 생활에서 향을 사용하게 된 것도 이 때문이다. 향을 피우면 악취를 없앨 뿐만이 아니라 악귀까지도 물리친다고 믿게 된 것은 당연한 일이다.

히말라야 산맥의 남쪽에는 그 산맥을 따라서 동과 서로 뻗어나간 산맥이 또 있다. 모두 수목이 우거져 있는 이 산들은 마치 푸른 용이 꿈틀거리고 하늘로 올라가는 것과 같다.

또 그 옆에 흑산(黑山)이 있다. 이 산은 바로 옛날부터 인도 사람들이 수행기(修行期)나 유행기(遊行期)에 입산 수도하는 산이다. 이 흑산으로 들어가서 눈 앞에 보이는 백옥같이 흰 눈에 덮인 히말라야를 바라보면서 명상에 잠겼던 것이다.

흑산의 숲속에는 예로부터 은둔 생활을 하는 수행자가 거처하던 곳이 여기저기에 있다. 수천 년 동안 이곳에서 수행자가 진리를 추구하였고 또한 자기네가 깨달은 진리를 제자들에게 가르치고 있었다.

트리베니 수원지가 있는 숲속에는 지금도 사라(沙羅)나무의 숲이 우거져 있는데, 이 숲을 지나면 개미집의 탑이 이정표와 같이 길 옆에 즐비하게 서 있다.

공작이 고요히 노닐면서 기이한 소리를 내는가 하면 아름다운 날개를 펼쳐서 춤을 추고, 높은 사과나무 위에서는 원숭이들이 무리지어 뛰놀면서 사람들이 지나가면 신기한 듯이 나무 위에서 손을 내밀어 먹을 것을 달라고 하거나 꾸벅 절을 하기도 하고, 사진기를 들이대면 다투어 달려와서 줄을 지어 늘어서서 찍어 달라고 한다.

이 히말라야 숲속에 있는 수도자의 거처에는 겨울에도 아름다운 꽃이 핀다. 그들은 거기서 젖소를 기른다. 때때로 구관조(九官鳥)가 내려와서 소리높이 노래 부른다.

선인이라고 불리는 수행자들은 나뭇잎으로 옷을 삼고 주로 「베다」(Veda)와 같은 종교서와 철학서들을 공부한다.

그들이 사는 집 근처에는 물이 고인 연못이 있고 그 옆에는 신을 모신 사당이 있기 마련이다. 이 연못의 물이 흘러내려서 아노마강(Anoma, 阿쭂磨江)을 이룬다.

싣달다 태자가 왕성을 나와서 입산 수도한 곳이 바로 이 지방이다. 그 때의 문화 풍토에서는 집을 나가서 사문(沙門)이 되는 것이 이상적인 생활로 여겨졌다.

싣달다 태자가 태어난 그 시대에는 이미 고요히 명상하는 수행자의 집단이 있었고 그들이 사는 숲이 알려져서 고행림(苦行林)이라고 불렸다. 이 고행림에서 수행자들은 정신과 육체를 심하게 단련했다. 특히 정신을 단련하여 육체를 극복하는 힘을 얻기 위해서 의욕적인 수련을 했다. 그들의 그런 수행을 '타파스'(Tapas)라고 했는데, 이처럼 타파스는 육체의 단련과 명상을 위주로 하면서 자신과 우주의 신비를 캐내려고 하는 수행이므로 수행자의 일부에서는 무리하지 않는 합리적인 수행법이 채택되었으니 이것이 바로 요가(yoga)라고 하는 것이다.

인도의 수행자들은 한자리에 앉아서 몇 시간, 몇 날, 몇 달이라도 꼼짝 않고 어떤 상념에 잠긴다. 그리하여 그들은 우주의 비밀을 찾고야 말겠다고 정신을 집중한다. 그들은 이런 과정에서 진리를 깨닫게 된다.

명상은 마음을 어떤 한 가지 대상에 집중하여 자기와 대상이 완전히 하나가 됨으로써 신비한 세계의 새로운 체험을 얻는 것이다. 이러한 경지에 이르는 과정에서 여러 가지 정신적인 조련에 관한 지식을 얻게 되었고, 이것에 견딜 수 있는 육체적인 단련을 꾀하게 되었던 것이다.

인도인이 고안해 낸 문화 유산 중에서 영원히 빛날 요가는 이제 온 인류의 것이 되었다.

인도의 수행인은 저 히말라야의 영원함을, 히말라야 영봉의 웅장함을, 또한 히말라야의 신비함을 자기 속에서 감득한다. 결가부좌(結跏趺坐)하여 버티고 앉아 있는 수행자의 모습은 바로 히말라야의 웅장함이요, 그가 감득한 체험은 진리요, 그들의 깊이 잠긴 안온함이 바로 히말라야의 영원한 신비이다.

자연의 무한함과 자연의 광대무변함이 그대로 나 자신의 마음 속으로 들어와서 자신이 자연이요, 자연이 자신으로 되는 것이다. 내가 곧 히말라야요, 히말라야가 곧 나다. 이와 같이 우주와 내가 하나가 되고, 자연과 내가 하나가 되고 신과 내가 하나가 되면 일체 만물 속에 내가 있고, 내 속에 만물이 있게 되니, 시간과 공간을 초월하여 죽고 삶을 떠나게 된다. 이것이 바로 깨달음의 세계다. 이런 깨달음에 이르면 완전한 자유를 얻게 되니, 이것이 또한 해탈이다.

요가는 'yuj'라고 하는 말에서 비롯된 말이다. 거기에는 '말을 고삐로 맨다'는 뜻도 있고 '명상'이라는 뜻도 있다. 따라서 요가는 명상을 통해서 우주의 신비 속에 내가 참여하고, 신의 완전함과 같이 내가 완전히 되며, 정신과 육체가 완전함으로 하나가 되고, 주관과 객관이 하나가 되고, 인간에게 주어진 우주의 무한한 능력을 발휘하게 되는 것이기도 하다.

인간의 능력은 우주적인 신비와 통한다. 우주의 창조력이 나의 능력이며, 우주의 신비가 나의 신비한 생명이다. 그리하여 요가 행자들은 이 능력을 얻기 위해서 수천 년 동안 애써 왔다.

인류 문화의 근본은 우주의 신비에 도전하여 그것을 나의 것으로 하려는 노력에서 찾을 수 있다. 그것은 바로 주법(呪法)이라는 종교 개념으로 나타난다.

주법이 인간 만사를 지배하던 고대 사회에서는 주법이라는 초인간적인 신비한 능력을 행하는 인물이 중심이 되었다. 샤머니즘도 이러한 종교 현상이다.

주법사의 특수한 영능에 의해서 크게는 전쟁과 같은 국가와 사회의 운명을 결정하는 문제로부터 작게는 개인의 질병의 치료에 이르는 모든 문제가 처리되었다.

특히 고대 원시 사회에서는 영능을 얻은 자가 그 사회의 지배자가 되었으니 이런 능력을 획득하기 위한 특수한 행법이나 기술을 개발하기에 이르렀다. 이와같이 하여 고대 인도에서 발달한 수많은 주법적인 행법과 기술 속에서 요가도 탄생하였다.

고대 인도의 수행자는 모두 인간으로서 인간 이상의 어떤 영능을 획득하려는 사람들이었으니, 베다 시대의 고행자가 '타파스'라는 수행을 통해서 이러한 능력을 구사한 사실이 「베다」에 기록되어 있다.

자기 완성의 종교

요가가 우주의 신비력을 체득하여 인격을 완성하는 것이라면, 요가는 종교의 일종임에 틀림없다. 특히 인도에서 발달한 행법이므로 종교를 떠날 수 없다.

요가를 종교로 치면 오늘날 널리 알려진 불교나 기독교를 생각하여 저항감을 갖게 될지 모른다. 물론 불교나 기독교 또는 수많은 신흥 종교들의 유행을 기준으로 하면 요가는 그들과는 다른 것이 있다. 요가에서는 몸의 건강을 위한 운동을 하는데 이것은 어떤 종교에서도 볼 수 없는 일이다. 그런데 이 요가의 운동은 단순한 건강법이 아니고, 요가의 명상은 단순한 묵상이 아니며, 그 속에는 종교성이 내포되어 있다.

먼저 요가가 특수한 종교라고 볼 경우에 종교는 어떤 것인가 하는 문제부터 해결해야 하겠다.

종교를 흔히 'religion'이라는 말로 이해한다면 이것은 신과 인간과의 관계에 지나지 않게 된다. 그러나 우리가 종교(宗敎)라고 할 경우에는 인간의 삶에서 '가장 으뜸이 되는 가르침'이 될 수 있다.

그렇다면 어떤 것이 인간의 삶을 해결하는 으뜸이냐가 문제가 될 것이다. 그것은 도덕이나 윤리도 아니고 어떤 절대자에의 귀의도 아니며 '자기 자신에게로 돌아와서 자기 자신의 능력을 개발하는 가르침'이 될 수 있다. 이것이 인간의 근본적인 욕구이기 때문이다. 따라서 종교는 '자기 자신에게 돌아와서 자기 자신의 완성을 기하려는 노력'이기도 하다. 이렇게 정의한다면 요가야말로 이런 부류에 속하는 유일한 종교이다.

인간의 궁극적인 행복은 어디에서 얻어질 수 있는가? 종교도 인간이 행복하기 위한 신념이다. 종교가 가지는 외적인 것 곧 교리, 경전, 교단 따위는 결국 인간의 내적 욕구를 달성하기 위한 수단에 지나지 않는다.

인간의 행복은 그 사람의 인생관이나 세계관에 지배된다. 이 인생관이나 세계관도 신념에 지나지 않는다. 참된 종교인은 확고한 자기의 신념을 가지고 자기를 살려 나가는 사람이다. 따라서 종교란 마음을 자기 자신에게로 돌려서 자기의 진실 속으로 파고드는 노력에 지나지 않는다. 참된 자기의 진실, 곧 참된 자기의 실존은 자기 안으로 파고드는 데서 찾아진다.

현대인들이 소크라테스가 '너 자신을 알라'고 했다는 아폴로 신전의 잠언을 인용하여 그리스인의 어리석음을 비웃고, 유물론자나 과학 만능의 합리론자들이 자기만이 현명하다고 생각하는 것도 결국 어리석은 일이 아닐 수 없다. 또 밖으로만 눈을 돌리면서 자기 이외의 어떤 것에 의지하려고 하는 어린이와 같은 사람도 어리석다.

과학자들이 과학이나 합리적인 생각만으로 지상에서 인류의 행복을 성취할 수 있다고 생각하는 것은 너무도 어리석은 미신에 빠져드는 것이다. 인간의 행복은 과학만으로 이루어질 수 없고 정신 세계의 개척이 병행되어야 한다. 인간의 올바른 이해는 주관과 객관의 두 방면으로 탐구되지 않으면 안 된다. 주관적인 탐구의 극치에서 이룩된 것이 요가의 운동이다.

이런 뜻에서 요가는 현대인이 요구하는 종교로서 특수한 내용을 가지고 있다고 하겠다. 요가는 정신의 극치에 이르게 하는 명상을 중심으로 하는 종교요, 신체의 기능을 최대한으로 발휘시킬 수 있는 방법을 개발한 행법 중심의 종교요, 인간이 바로 신이라는 자각을 가지게 하는 종교이다.

최근에 기원전 2500년보다 훨씬 앞선 고대의 유물 속에서 결가부좌하고 앉아 있는 주법사의 모습이 새겨진 인장이 몇 개 발견되었다. 이 인장의 상은 시바(Śiva)신을 머리에 받들고 명상하고 있는 모습인데 이 사람은 신의 능력을 스스로 발휘하는 주법가이다. 이러한 전통으로부터 전승된 명상이 일반에게 수용된 것은 기원전 1000년쯤부터였다고 믿어진다.

석가가 태어났을 때에는 이미 명상을 중심으로 한 수행법이 널리 퍼져 있었다. 요가라는 말 자체가 명상, 곧 쟈나(dhyāna)와 같은 뜻으로 사용된다. 그러므로 요즈음 인도인들은 요가를 종교로 생각한다. 요가를 단지 건강법이나 마술적인 기교로 보는 것은 잘못이다.

요가가 제대로 이루어지면 건강이나 미용에 도움이 되고 몸과 마음이 자재로운 경지에 이를 수 있는 것은 사실이지만, 그것은 궁극적인 목표가 아니다.

요가는 명상을 중심으로 한 수행법이다. 기독교의 중심은 명상이 아니고 기도이다. 그러나 불교는 명상을 중심으로 하여 인격을 완성하는 종교이다. 인도의 성자인 석존도 요가를 수행하였고 그것이 부족한 것을 알고 다시 새로운 방법을 창안하였다. 그러므로 석존은 요가로부터 사선(四禪)을 얻고 그것을 넘어서 무루정(無漏定)에 들었다고 한다. 이것을 통해서 깨달았으니 석존이 완성한 것은 주법적인 요가가 아니고 인격 완성의 요가였다.

그러나 이러한 요가의 행법이 바라문 계급에게 받아들여지면서 또 다른 방향으로 발전하였다. 주법적인 것이 아니고 명상을 통해서 자기 자신의 깊은 곳에서 신을 보는 것이다. 나 자신이 신이라는 것을 알게 하는 종교로서의 요가였다.

이와같이 요가는 모든 인도 종교의 공통의 모태가 되어서 여러 종교의 중심을 이루면서도 다른 여러 특징을 가지고 발전하게 된 것이다.

요가는 인간이 가진 능력을 최대한으로 계발하는 종교이다.

인간이 가진 가능성 중에서 가장 소중한 것이 종교성이다. 이 종교적인 소질을 계발한 사람은 이 세상에 태어난 최고의 목표에 다다른 사람이라고 할 것이다. 아무리 학문이 길고 예술적인 재능이 뛰어나도 그것은 완전하지 못하다. 종교성의 계발을 통해서 몸과 마음이 하나가 되고, 나와 남이 하나로 되고, 자연과 나 우주와 내가 하나가 되는 경지에 이른다. 이른바 우주 의식(宇宙意識)을 갖게 됨으로써 천상천하유아독존(天上天下唯我獨尊)이 된다. 요가는 이러한 순수 의식의 세계에 몰입하기 위해서 몸을 등한히 하지 않는다. 오히려 몸으로부터 이런 세계로 들어간다. 여기에서 요가가 개발한 몸의 단련이 있으니 하타 요가(Hatha yoga)라는 것이다.

이처럼 요가는 몸과 마음을 모두 최고의 경지까지 완성시키는 종교이다.

요가의 기원과 유파

요가의 기원은 멀리 인더스 문명 이전으로 잡기도 한다. 또 오랜 세월이 지나면서 요가는 다양한 유파를 형성하였다. 그 내용을 자세히 살펴보자.

요가의 기원

인도의 모든 종교가 저마다 그 목적을 달성하는 유일한 방법으로서 발달시킨 요가의 행법은 언제 누가 창시하였는가?

요가의 기원에 얽힌 문제는 몇 가지 전제를 통해서 구명(究明)될 수 있다. 첫째로 요가의 행법이나 관념에 대한 역사적인 고찰이다. 다시 말하면 요가의 독특한 행법이나 명상이나 또는 주법적인 관념의 형성에 관한 문제인데 이에 대하여는 인류의 태고 시대까지 거슬러 올라간다. 어떤 학자들은 요가의 기원을 기원전 2000년에서 3000년 사이의 인더스 문명 시대 이전의 문화 속에서 찾으려고 한다. 그러나 이것은 그 시대의 유물을 통해 본 것이고, 실제로 요가라고 하는 말이 문헌에 처음 나타난 것은 카타우파니샤드(Katha Upaniṣad)이다. 이 문헌은 불타가 생존했던 시대를 전후해서 쓰여진 것으로 보이는데, 여기에 요가가 매우 자세히 기록되어 있다.

"다섯 지각 기관(知覺器官)이 마음과 더불어 고요히 쉬고 다시 깨달음(Buddhi, 정신적인 높은 이성)도 일어나지 않게 되었을 때에 사람들은 이것을 지극히 높은 세계라 한다. 그러므로 이와 같이 마음의 여러 기관을 굳게 억제하는 것을 요가라고 한다."

'마음의 억제'가 바로 요가라고 했는데 요가의 어원 'yuj'의 '결합하다'라는 말뜻대로 요가는 마음이 대상과 결합된 상태이다. 곧 'yuj-i→yuj-a→yog-a'이다. 그러므로 감각 기관의 주관이 객관 세계와 결부되어 떠나지 않는 상태로 되는 방법이 바로 요가요, 인간과 신이 하나로 되는 종교적인 체험을 얻는 행법, 근원적인 순수자아와 우리의 행위가 완전히 조화되어 주체적인 자유인이 되는 방법이 요가라고 할 수 있다. 이와 같은 상태들은 삼매(三昧)의 세계에 이르러서 극치에 이른다. 요가는 이런 세계로 가는 행법인 동시에 이러한 상태도 된다. 이 경우에는 'yuj-a→yog-a'가 삼마디(Samādhī, 三昧)의 뜻이기 때문이다. 기원후 4세기의 인도 문법학자 파니니(Pāṇini)는 그의 저서 「다투파타」(Dhātupāṭha)에서 요가라는 말 속에 '삼마디'의 뜻이 있다고 하였다.

'삼마디'의 세계는 주와 객이 하나가 된 세계, 진리와 내가 하나로 된 세계, 내가 주인으로서 자재로운 삶을 사는 세계이다. 따라서 기원전 4세기쯤에는 요가가 이러한 것을 성취하는 종교적인 체계로 형성되었다고 보게 된다.

그러면 이러한 행법의 체계가 철학적으로 이론이 정리되면서 학파로서 형성된 시기는 언제일까?

인도의 가장 오랜 정치와 경제에 관한 문헌으로서 오늘날까지도 고전으로 소중히 여겨지는 아르타샤스트라(Artha śāstra, 實利論)라는 책이 있다. 여기에서 "철학은 상캬(Sāṁkhya)와 요가(Yoga)와 로카야타(lokāyata)의 셋이 있다"고 했다. 이 책은 3 세기 이후에 성립된 것이므로 이 시대에는 이미 요가가 한 학파로서 크게 형성되고 있었음을 알 수 있다.

요가의 유파

기원전 5, 6 세기쯤에 이미 종교적인 행법으로서 명상이 인도의 전통 문화를 담당하고 있던 바라문 속에서 요가라는 말로 널리 파급되었다. 그 뒤에 이것이 불교 속에서도 요가라는 명칭과 더불어 '쟈나'(dhyāna)가 유행되었고 시대의 변천과 더불어 요가가 널리 보급되면서 많은 유파가 형성되었다.

유파의 수는 열 개가 넘지만 오늘날까지 전해진 것으로서 가장 중요한 것은 다음과 같다.

라쟈 요가(Rāja yoga) 심리적인 것
쥬냐나 요가(Jñāna yoga) 철학적인 것
카르마 요가(Karma yoga) 윤리적인 것
하타 요가(Hatha yoga) 생리적인 것
바크티 요가(Bhakti yoga) 신앙적인 것
쿤다리니 요가(Kuṇḍalini yoga) 우주 생명적인 것
만트라 요가(Mantra yoga) 주법적인 것
라야 요가(Raya yoga) 초심리적인 것

그 중에 라쟈, 쥬냐나, 카르마 요가는 현교이고 나머지는 밀교이다. 이처럼 요가에는 많은 유파가 있어서 인간의 모든 면을 계발하여 구제하는 넓은 문이 있다. 요가 유파의 모습을 좀더 자세히 살펴보자. 바크티 요가는 정서적인 인간이 들어가는 길로서, 기독교와 같

이 우주의 최고의 신에게 귀의하는 신앙을 통해서 신과 합일하는 것이다.

라쟈 요가는 초인적인 능력을 가진 사람이 들어가는 길로서, 신의 존재를 인정하지 않고 마음의 순수한 주관 속에서 스스로가 절대자임을 깨닫는 것이다.

카르마 요가는 활동적인 사람이 들어가는 길로서, 인간의 모든 행위를 절대화한다.

쥬냐나 요가는 철학적인 인간이 들어가는 길로서, 지혜의 길이다. 이 요가에는 명상이 부정적인 성질을 갖는다. 곧 마음에 일어나는 모든 것을 포기하고 나 자신이 근본적인 실재요, 지혜요, 기쁨이라고 믿는다. 나 자신은 일체의 존재 속에 편재하고 있으며 일체의 존재는 내 속에 들어와 있다. 나는 우주의 유일한 것이므로 건강한 몸이거나 병든 몸이거나 그것을 직시하면 그것이 나의 실재이며 그것을 아는 것이 지혜이며 절대 환희다.

하타 요가는 실천적인 노력형의 인간이 들어가는 길로서, 육체적이고 생리적인 면을 강조하여 그것을 조절함으로써 망아의 경지에 도달하려는 방법이다.

위에서 간단히 본 바와 같이 사상과 내용이 다른 것들이 어찌하여 다 요가라고 불리는가? 그것은 요가가 사상이나 내용에 따라서 불리는 것이 아니고 인간의 특정한 태도를 지칭하는 것이기 때문이다. 그것들은 목표에 이르는 방법은 서로 다르지만 자기의 근원을 깨닫고 해탈하려는 최종의 목표는 같다. 또 이들 여러 방법은 서로 관련되어 있다.

요가의 유파를 공통점에 따라 크게 두 가지로 분류해서 보면 불교를 현교(顯敎)와 밀교(密敎)로 나누어 보듯이 현교적인 요가와 밀교적인 요가로 나눌 수 있다.

현교적인 요가는 불교에서와 같이 현실 부정적인 요가요, 밀교적인 요가는 현실 긍정적인 요가이다.

현교적인 요가

요가의 궁극적인 목표가 해탈에 있다고 해도 그 방법은 현실적인 상황에 따라서 달라질 수 있다. 현실을 부정함으로써 수행의 궁극적인 목표를 이룰 수도 있고, 현실을 그대로 긍정하면서 목표로 가는 길도 있다. 자기 실정에 따라서 어느 것이고 택하게 된다.

현실 부정의 방법이란 고행(苦行)이나 금욕(禁慾)을 전제로 하여 현실로부터 이탈함으로써 수행의 궁극적인 목표를 이루는 것이니 이른바 모크사(Mokṣa, 해탈)나 닐바나(Nirvāna, 열반)에 목표를 두는 것이다. 라쟈 요가, 카르마 요가, 쥬냐나 요가들이 이에 속한다.

라쟈 요가는 오늘날 서기 4, 5 세기쯤의 인물이라고 여겨지는 파탄쟐리(Patañjali)가 편집한 「요가 수트라」(*Yoga sūtra*)가 그 고전적인 형태이다.

카르마 요가는 인도에서 널리 애송되는 인도교의 성전인 「바가바드기타」 속에서 전해진다.

쥬냐나 요가는 많은 우파니샤드의 문헌 속에 담겨진 철학 사상을 체계화한 베단타(Vedānta) 철학과 관련지어서 수행하는 요가이다.

위의 세 유파 중에서 요가의 종교와 철학의 체계를 세워서 이에 따른 행법을 설한 것이 라쟈 요가이다. 라쟈 요가란 말은 '왕(王)요가'라는 뜻인데 그것은 후세에 붙여진 이름이고 본래는 상캬 요가(Saṁkha yoga)라고 불렀다. 곧 상캬라고 불리는 철학 사상을 이론적인 근거로 삼고 있는 요가 체계이다. 상캬학파의 행법 체계는 기원전 2, 3 세기쯤에 잡혀진 것으로 생각되나 「요가 수트라」라는 문헌이 엮어진 것은 기원전 4, 5 세기쯤이라고 생각된다. 이 책은 오늘날 가장 권위있는 고전으로 남아 있다.

「요가 수트라」의 사상 체계에 따르면 절대적인 주체와 객관적인 세계가 서로 조화를 이룬 것이 현실 세계의 존재이다. 세계는 절대적인 주체로서의 푸루샤(puruṣa)와 객관적인 일원으로서의 프라크리티(prakṛti)라는 실재가 신비하게 어울려 있다고 한다.

참된 자아 푸루샤가 객관적인 존재의 유일한 근원인 프라크리티의 속박으로부터 해방되는 것이 해탈이다.

프라크리티는 푸루샤를 속박하는 쇠사슬로서 자기 자신으로부터 물질적이고 정신적인 세계를 창출했다. 이 세계는 시간 속에서 한 순간도 쉬지 않고 변화하고 유동하는 현상이다.

푸루샤는 이와는 달리 시간과 공간을 초월한 영원한 자유, 평화, 광명을 속성으로 가진 존재이다. 이것은 신적인 존재이기도 하다. 그래서 신아(神我)라고도 한다. 이렇게 본디는 신적인 개인의 영혼이 어찌하여 시간과 공간의 제약을 받는 현상계로부터 속박을 받아서 본디의 자기를 잃고 고민하게 되었는가 하면 신아인 푸루샤가 프라크리티를 만나서 프라크리티의 모성적인 애정을 불러일으켰기 때문이다. 푸루샤는 천지의 어머니인 프라크리티가 창출한 현상 세계의 속박을 받아서 자기도 그 속의 하나로서 있는 것 같은 착각을 하여 고통을 받는 것이다.

시간과 공간을 초월한 푸루샤와 시공 속에 있는 현상계는 전혀 다른 것임을 직감적으로 알게 되면, 푸루샤는 완전히 프라크리티의 쇠사슬을 풀고 본디의 자기로 돌아올 수 있게 된다. 여기에서 해탈이 있게 된다. 그리하여 푸루샤와 프라크리티의 근원적인 이원성을 자각하기 위한 심리적인 조작이 필요하게 되어 드디어 상캬 요가 곧 라쟈 요가가 생긴 것이다.

라쟈 요가는 아래의 여덟 가지 체계를 가진다.

첫째가 금계(yama, 禁戒), 둘째가 권계(niyama, 勸戒), 셋째가 좌법(āsana, 坐法)으로 마음과 몸을 깨끗이 하는 방법이다. 넷째가 조식법(prāṇayāma, 調息法)으로 마음과 몸을 건강하게 하고 조절하는 방법이다. 다섯째가 제감(pratyāhāra, 制感), 여섯째가 응념(Dharana, 凝念), 일곱째가 정려(Dhyāna, 靜慮)로 정신을 집중시켜 참된 자기로 돌아오는 방법이다. 여덟째는 삼매(Samādhi, 三昧)로 완전히 자기에게로 돌아온 상태이다.

삼마디는 마음 속에서 어떤 상념도 일어나지 않고 자기 자신을 확립한 세계이다. 이런 상태에 있게 되면 프라크리티는 자기의 모성애가 채워진 것이라고 인정하여 푸루샤 앞에서 사라져 버린다. 이와 동시에 푸루샤도 자기 본디의 모습을 감지하고 해탈이 완성된다.

여기에서 문제가 다시 제기된다. 파탄잘리가 생각하는 요가가 이와 같은 것이라면 근본 정신과 현상 세계 안에 있는 정신 작용의 구별은 이루어졌으나 완전히 홀로 있게 된 순수 정신은 고독한 것이 되고 말 것이며, 너무도 추상적인 것에 만족할 수 없게 되어 참된 해탈의 경지가 의심스럽다. 그래서 신비 사상가들은 참된 자기의 주체를 단순하고 고독한 것이 아니라 세계의 근본 원리와 서로 어울려 있는 것이라고 생각하게 되었다. 그리하여 근본 자아인 '아트만'(ātman)과 세계의 근본 원리인 '브라만'(Brahman)이 하나라고 하는 베단타(vedānta) 철학을 배경으로 한 즈냐나 요가가 세력을 가지게 된다. 여기에서는 일체 속에서 나를 보고 내 속에서 일체를 보는 지혜로 완전한 해탈에 이른다고 한다. 이렇게 되려면 나와 남과의 대립을 없애야 하므로 정적인 것의 무한한 발전에서 이것이 이루어질 것이다.

한편으로 더 나아가서 모든 존재를 거룩한 신의 나타남이라고 보게 됨으로써 모든 인간은 나와 다름이 없고 서로 사랑해야 한다는 실천이 강조되는 카르마 요가가 나타나게 되었다. 그러나 이러한 현교적인 요가에 만족하지 않고 나타난 것이 밀교적인 요가다.

밀교적인 요가(탄트라 요가)
요가의 행법을 실천함으로써 얻는 현실적인 이익을 중요시하여 발달한 것이 밀교적인 하타 요가라고 하겠다.

실제로 인간의 생활 속에서 현실을 긍정하여 행복을 적극적으로 추구하려면 고행이나 금욕과 같은 소극적인 태도는 멀리하게 된다. 요가의 행법도 현실 부정을 전제하지 않고 자연력을 지배할 수 있는 힘을 얻어서 현실 생활에 그것을 이용하려고 하는 적극적인 노력이 있게 되었다. 이러한 노력은 마치 불교에서 밀교와 같은 것이다. 그리하여 요가 사상의 발달 과정에서 수많은 유파가 형성되었으나, 그 중에 밀교적인 요가를 흔히 탄트라 요가(Tantric yoga)라고 한다.

대승 불교인 탄트라 불교가 일어난 사정과 같이 요가에서도 탄트라 요가가 일어난 것은 시대의 요구이기도 하였다. 그것은 기원후 2, 3 세기 전후에 일어난 종교적인 분위기 속에서 자연히 발생한 것이다. 2, 3 세기쯤에 밀교 운동이 일어났고 6, 7 세기쯤에는 크게 발달하여 많은 종파를 거느렸는데 이것이 바라문 계통에서는 인도교의 중심 사상이 되었고, 불교에서는 탄트라 불교로서 대승 불교의 극치를 이루면서 네팔과 티벳 같은 곳으로 전해져 갔다.

탄트라 요가로는 하타 요가, 바크티 요가, 라야 요가, 만트라 요가들이 있다. 이 중에서 가장 중요한 것이 하타 요가이다. 그것은 인도교의 샤크티(Śakti)파에 속하는 유파 속에서 형성된 것이다. 샤크티는 여성의 신으로서 시바(Śiva)신의 배우자이다. 이것은 시바신의 세계 창조력을 나타내는 것으로 태고부터 인도의 민간 신앙 속에 전승된 모신(母神) 신앙이 바라문에 동화된 것이다. 그러므로 샤크티파에서는 여신을 숭배하고 우주의 생명력을 자기의 것으로 하기 위해 노력한다. 따라서 샤크티교는 인도교 중에서도 가장 밀교적인 성격이 농후한 종파인데 그 중에서도 밀교적인 성격을 가장 많이 가지고 적극적으로 샤크티의 창조력을 자기 속에서 찾으려고 하는 것이 요가의 행법이요, 이러한 행법을 개척한 것이 하타 요가이다.

하타 요가는 육체적이고 생리적인 조작을 중심으로 하는데 샤크티 여신이 쿤다리니(Kuṇḍalinī)라고 하는 우주 원리로서의 힘의 형태로 인체 안에 들어와 있다고 한다.

샤크티 신앙의 여러 종파 속에서 특히 바라문 계통의 카울라 (Kaula)파를 개척한 나타(Natha)라고 불리는 종교 지도자들은 샤크티의 여성 신앙과 인도의 신비 사상의 공동 목표인 해탈을 추구하면서 하타 요가의 체계를 세웠다.

하타 요가의 행법을 집대성한 것으로는 「고라크샤 샤타카」 (Gorakṣa śataks)라는 것이 전해지고 있다. 거기에 따르면 신체 수련을 위해 체위법(āsana, 體位法), 호흡법(prāna yāma, 呼吸法)이 있고 정신 수련을 위해 제감법(pratyāharā, 制感法), 응념법 (Dhārāna, 凝念法), 정려법(Dhyāna, 靜慮法), 삼매법(Samādhi, 三昧法)이 있다.

하타 요가에서는 순수한 정신적 원리인 시바신과 그 원리가 구체적인 세계를 창조해 나가는 힘으로서의 원리인 샤크티 여신이 창조한 세계의 각 존재 속에 쿤다리니가 내재되어 있다고 본다.

인간의 경우를 보더라도 순수 정신인 시바신은 머리 윗 부위의 사하스라라(Sahasrāra)에 머물고 있다. 그리고 그의 구체적인 창조력인 샤크티는 척추 맨 밑에 있는 무라다라(Mūladhara)라는 곳에 자리잡고 쉬고 있다고 한다. 이 위대한 우주적 창조력인 샤크티는 일정한 곳에 잠재된 세력으로서 잠자듯이 머물러 있고 그로부터 이차적으로 나타난 프라나(prāna, 生氣)가 온 몸을 지탱하는 생명력으로 나타난다.

척추의 맨 밑에 잠자듯이 숨어 있는 이 샤크티의 힘을 깨워서, 척추의 중앙에 있는 기도(氣道)를 통해서 위로 올라가게 하여 마지막으로 머리 위에 있는 시바신의 진리에 가서, 이것과 합일케 하는 것이 바로 요가의 수행이다.

다시 말하면 육체의 모든 힘을 순수 정신의 힘 속으로 몰입시키는 것이 밀교 요가의 목적이다. 이 양자의 결합은 삼매 곧 망아(忘我)의 경지에 이르러서 실현된다. 이 때에는 온 몸이 법열에 싸여 개인 의식이 우주 의식과 합일된다.

척추 밑에 잠재한 샤크티의 힘은 평소에는 잠자고 있어 마치 뱀과 같이 또아리를 세 둘레 틀고 있기 때문에 쿤다리니라고 한다. 이 잠자는 뱀의 모습을 한 쿤다리니를 일깨우면 그 뱀은 기도 속을 지나 맹렬하게 머리 위로 올라가기 시작한다. 그 방법으로서 고안된 것이 하타 요가의 여러 가지 행법인 것이다.

하타 요가에서는 아사나(āsana)라는 체위법(體位法)과 쿰바카(Kumbhaka)라는 호흡법, 반다(Bandha, 몸이나 배, 항문을 오무려서 닫는 긴축), 무드라(Mudrā, 체위법, 호흡법, 긴축 따위를 종합한 특수한 체위) 같은 육체적이고 생리적인 방법을 사용한다.

그런데 쿤다리니가 잠자고 있는 무라다라 챠크라로부터 시바가 있는 사하스라라 챠크라로 이어지는 도중에는 수슘나(Suṣumṇā)라고 하는 기도를 따라서 다섯 개의 또다른 챠크라가 있다. 곧 성기 부근에 있는 스바아디스타나 챠크라(Svādhiṣṭhāna cakra), 배꼽에 있는 마니푸라 챠크라(Maṇipūra cakra), 심장에 있는 아나하타 챠크라(Anāhata cakra), 목에 있는 비슛다 챠크라(viśuddha cakra), 미간(眉間)에 있는 아쥬나 챠크라(ājñā cakra)가 그것이다.

챠크라는 척추의 밑에 있는 무라다라 챠크라까지 합하여 여섯 곳에 자리잡고 있어 마치 연꽃 모양을 하고 있으나, 그 연꽃잎의 수는 일정하지 않고 챠크라마다 각각 특수한 능력을 가지고 있다. 그리하여 이들이 쿤다리니의 관통을 통해서 그 성능이 나타난다.

이를테면 가장 밑에 있는 챠크라는 동물적인 저급한 의식을 나타내고, 심장 부위에 있는 챠크라는 사랑이나 동정 같은 사회적인 감정을 나타내고, 미간에 있는 챠크라는 지혜를 나타낸다. 이와 같이 위에 있는 것은 더 높은 정신적인 세계를 형성하는 원천이 되고, 아래에 있는 챠크라는 낮은 단계의 정신 작용이나 육체적인 본능 따위를 나타낸다. 그러나 밑에 있는 것과 위에 있는 것이 만나서 합일되면 육체의 생리적인 성능이 정지되고 망아의 상태에 들어가서 죽음과 같은 현상을 보인다. 물론 이 상태는 일시적인 것이고 샤크티가 다시 기도를 통해서 아래로 내려와서 밑에 있는 챠크라로 돌아온다. 그러나 일단 개발된 챠크라에서는 프라나(prana, 生氣)가 왕성하게 흐르기 때문에 그 성격이 지속되어 어느 정도 변신(變身)이 생기게 된다.

위에서 설명한 것처럼 하타 요가의 각 부문의 행법은 모두 샤크티 사상을 배경으로 한다. 따라서 아사나(āsana, 體位) 운동법도 이와 같은 밀교적인 종교 사상을 바탕으로 하고 있다.

요가에서 행하는 운동은 더 높은 정신 수행을 감내할 수 있는 육체를 만들기 위한 것이다. 요가를 오랫 동안 실천하면 성격이 달라지고 정신적으로 높은 단계의 인격이 형성되는 것은 이 때문이다.

이런 사실은 현대 의학에서도 해명되고 있는 사실이지만, 인도의 인간철학(Anthroposophy)에서는 이 사실을 챠크라의 이론으로서 설명한다. 현대 의학에서는 이 챠크라의 이론을 신경총(神經叢)이나 내분비(內分泌)의 이론으로 설명하려고 하는 사람도 있다. 그러나 오늘날 결정적인 결론은 내려지지 않고 있다.

인도의 여러 요가의 본질을 살펴보면 이처럼 현교와 밀교로 나눌 수 있으나 밀교의 요소가 깔려 있을 뿐 그것이 크게 강조되어 나타나지는 않았다. 일반적인 요가 행자는 밀교적인 요가를 행하기 어렵기 때문이다. 따라서 탄트라 요가는 이 방면의 엘리트에게는 특히 매력을 주는 심오한 것이다.

현대의 요가

명상과 운동으로 이루어진 요가 행법은 현대에 이르러 새롭게 조명되고 있다.

세계에 널리 알려진 요가

인도에서 명상에 잠겨 진리를 탐구하는 수행법이 나타난 것은 불타가 나타나기 전의 일이다. 그러나 그것이 체계화된 것은 「요가 수트라」가 만들어진 4, 5 세기쯤이라고 믿어진다.

이 시대가 되면 요가는 독자적인 철학 사상을 배경 삼아서 훌륭한 조직 체계를 세운 행법으로 성장하게 된다. 이것이 오늘날까지 남아 있는 라쟈 요가로서 명상을 위주로 하는 마음의 수련이다. 여기에는 몸이나 호흡의 수련도 포함되어 있지만 중요한 것은 마음의 조절이다.

그런데 10 세기쯤부터는 요가 행자들 사이에 마음만이 아니라 몸이나 호흡의 중요성을 깨닫고 이에 대한 연구를 시작하는 움직임이 있었다. 그렇게 해서 하타 요가가 형성되었다. 이 학파에서는 마음의 수련이 아니라 오로지 운동과 호흡 수련만으로 요가의 근본 목표인 해탈이라는 최고의 자유에 도달하려고 했다.

라쟈 요가와 하타 요가는 형태가 서로 다르지만 하타 요가가 라쟈 요가의 한 부분을 크게 발달시켰으므로 뒤에 둘이 합류하였고 하타 요가는 라쟈 요가의 예비 수련과 같이 생각하게 되었다.

또 쥬냐나 요가의 이론적인 배경인 베단타(vednata) 철학과 라쟈 요가의 배경인 상캬(Sāṃkha) 철학이 본디 바라문 철학 계통이기 때문에 근본적으로 통합될 수 있는 것이었으므로 그 두 요가 학파도 어느덧 혼합되었다. 그리하여 라쟈 요가, 쥬냐나 요가, 하타 요가가 통합한 것이 요가가 되었다. 이 요가는 근대에 이르러서 미국을 위시하여 서구 사회로 소개되었다. 인도 문명 속에서 자란 요가가 서구 문명을 접하면서, 서로 비판과 탁마의 기회를 갖게 된다. 서구 사회에서는 요가를 학문적으로 연구하기 시작하였고, 인도에서는 전통적인 요가에 대한 반성과 수정과 보충을 하게 되어 이러한 것이 오늘날 유포되고 있는 요가이다.

요가는 현대 서구 사회에서는 동양의 지혜로서 새로운 관심을 모으고 있고 인도에서는 의학적인 면에서 재조명되고 있다.

현대 인도에는 세계적으로 유명한 요가 센터가 많이 있으나 특히 봄베이 근처에 있는 로나울라(Ronaula)의 요가 센터와 델리(Delli)의 북쪽에 있는 리시케시의 요가 아카데미가 유명하다. 이 두 곳은 의사들이 창설하여 과학적으로 연구하고 있다.

이와 같이 현대의 요가는 현대 과학과 손을 잡고 인류 문화에 공헌하고 있다.

구라파에 요가를 도입한 에스디안(S.yesdian)은 인도에서 의학 공부를 한 스위스 사람이고 독일에서 요가 운동을 벌이는 이스베르트(O.S. Isbert)의 배경에는 젊은 인도의 의학박사가 있다. 요가학자로는 미국의 예일대학에서 심리학을 전공하여 학위를 취득한 인도인

베하난(K.Y. Behanan)이 있다. 또 미국의 엘리아데(Mircea Eliade), 일본의 고 사호다 박사가 학문적으로 요가에 깊이 접근하여 큰 공을 남겼다. 오늘날 자율훈련법(自律訓練法)이라는 자기 최면술을 개발하여 임상심리학 분야에서 큰 공을 남긴 슐츠(J. h. Schultz)는 요가로부터 시사를 받았다. 요가는 앞으로도 어떤 형식으로든지 현대 사회에 받아들여질 가능성이 있다고 하겠다.

고대로부터 현재에 이르기까지 요가 연구와 실제 수행을 통해서 크게 공헌한 사람은 이루 헤아릴 수 없이 많다. 그들은 모두 요가의 어떤 한 부문을 통해서 요가의 세계로 깊이 들어간 행자들이다. 특히 인도에서 역대의 위대한 종교 지도자는 모두 요가 행자였다. 그들의 가르침이 오늘날까지 살아 있다는 사실은 요가가 인류의 정신 문화에 공헌하고 있음을 증명하는 것이다.

요가의 현대적 의의

현대 사회는 많은 문제를 가지고 있다. 인간의 소외도 큰 문제이다. 인간의 소외라고 하면 인간이 사회로부터 소외되는 경우만 생각하기 쉽다. 그래서 유물론자들은 경제적인 사회 구조를 개혁함으로써 인간을 구제할 수 있다고 하고, 유신론자들은 인간 소외를 해소시키기 위해서 신앙을 강조한다. 그러나 전자는 사회 속에서 인간을 노예로 하고 있으며, 후자는 신 앞에 인간을 노예로 만들었다.

인간의 소외는 정신적인 면과 육체적인 면 또는 사회적인 면의 모든 면으로부터 있기 마련이다. 사회와의 관계가 원만하고 육체의 건강과 정신의 안정이 모두 잘 이루어지지 않으면 인간의 소외는 해소될 수 없다.

나와 남과의 관계가 원만히 이루어지는 것은 주관과 객관이 하나가 되는 것이요, 몸과 마음이 건전하다는 것은 마음과 몸이 조화를 이룬 것이다. 이렇게 되었을 때에는 인간적인 소외는 있을 수 없다.

인간의 소외는 외적이고 사회적인 조건만이 아니고 안과 밖이 모두 합리적으로 조화를 이루었을 때에 해소된다. 인간이 스스로 자신을 되찾게 되었을 때에 자기 생명의 창조에 동참할 수 있다. 그러므로 인간의 행복은 자아 확립이 바탕이 되어서 나와 남, 인간과 자연, 개인과 사회, 물질과 정신이 조화를 이룸으로써 얻어진다.

요가의 각 부문은 이러한 것들을 해결할 수 있는 길을 보여 준다. 인간의 정신과 육체를 가장 건전한 상태로 이끄는 것이 하타 요가요, 정신의 절대적인 안정을 추구하는 것이 라쟈 요가의 명상이며, 사회와 내가 하나가 되는 것을 추구하는 것이 카르마 요가요, 신과 인간이 하나가 되는 것이 바크티 요가요, 우주의 신비와 종교적으로 계합되는 것이 라야 요가요, 주관과 객관이 하나로 되는 것이 쥬냐나 요가요, 우주의 생명력을 자기의 것으로 삼는 것이 만트라 요가이기 때문이다.

요가는 참된 자기를 찾아서 완성하는 것이기 때문에 절대 자유를 누리는 길이며, 우주 의식을 얻어서 우주와 하나가 되기 때문에 개아를 초월하여 사랑과 만족이 있다.

현대인은 자아를 상실하였으므로 객관적인 대상에 끌려서 고민하고 불안과 초조 속에 허덕이며 모든 것을 잃고 있다.

요가는 나를 아는 길이며, 나를 찾는 길이며, 세계와 우주를 알아서 같이 동참하는 길이다. 여기에 어찌 소외가 있을 수 있으랴. 또 진정한 뜻에서의 건강을 찾으려면 요가의 운동을 해야 하고, 절대적인 정신의 자유를 얻으려면 요가의 명상을 해야 한다.

건강을 잃고 약물에 의지하고, 깊은 실의에 빠진 현대인은 요가의 지혜로써 구제될 것이다.

요가는 오늘날의 정신분석학이나 또는 사회과학이 개척한 영역의 밖에까지 확대한 넓은 세계를 가지고 있다. 요가의 삼매의 세계가 그

렇고 요가의 체위나 호흡법이나 챠크라의 이론은 현대의 과학적인 체육학이나 생리학이 미치지 못하는 영역을 가지고 있다. 또 요가의 금계(禁戒)와 권계(勸戒)는 도덕이나 윤리를 넘어선 종교적 의의까지도 가지고 있다.

인간은 신비한 존재이다. 우주의 신비가 한 몸에 구현되고 있는 존재이다. 육체와 정신, 팔과 다리, 머리와 몸 이런 각 부분은 부분이면서 전체이다. 인간은 인간이면서 우주이다. 곧 인간이 신이다. 오히려 신이라는 개념을 넘어선 진리 자체이다. 여기에 직접 참여하려는 것이 요가이다.

요가는 어떤 기성 종교보다도 먼저 있어 왔으므로 가장 오랜 역사를 가지고 있다. 철학과 과학과 높은 도덕이 같이 하는 특수한 종교이고 따라서 현대인에게도 누구에게나 문을 활짝 열어 놓고 있는 인류의 지혜라고 할 수 있다.

현대인은 요가를 요구한다

마음과 몸의 건강을 위해서 그리고 질병의 예방과 치료를 위해서
요가가 어떻게 쓰이고 있으며 현재 의학과도 어떤 관련을 맺고 있는
지 알아보자.

마음과 몸의 건강을 위하여

요가의 운동은 몸을 움직이는 체위로 보면 일반 체육과 비슷하지
만 요가만이 가진 특징이 있다. 그뿐만이 아니라 이 운동에는 반드시
독특한 호흡이 따르고 또한 정신 집중이 따른다. 그러므로 요가 운동
은 단순한 운동이 아니라 마음과 몸과 호흡이 하나로 된 운동이다.

건강과 요가 운동
요가는 형태로만 보면 안 된다. 이를테면 요가 운동 중에 거꾸로
서는 물구나무서기(Śirśa āsana)는 일반 체육에서도 행하는 것이지
만 머리를 땅에 대고 선다고 해서 모두 요가는 아니다. 요가의 근본
은 형식에 있지 않으며, 요가의 체위법에 들어 있지 않은 운동이라도

요가식으로 행하면 요가가 된다.

흔히 요가 도장에서 요가 운동을 하는 것을 보고 그 몸의 움직임만으로는 체육과 별다른 것이 없어 보이므로 싱겁기 짝이 없다고 하는 사람이 있을 것이다. 특히 요가 체위법은 어떤 것이나 젊은 사람이 모두 할 수 있는 자세이다. 그러나 아무리 쉬운 자세라고 하더라도 그것을 요가식으로 제대로 하기는 쉽지 않고 요가식으로 제대로 했을 때에 비로소 기대 이상의 효과를 볼 수 있다.

오늘날의 서구에서 개척한 체육학에서는 몸의 민첩한 움직임, 신경의 발달, 근육의 발달 또는 기이한 재주를 부리거나 큰 힘을 보여 주는 것으로 만족한다. 그러나 그런 것으로는 완전한 건강을 기대하기 어렵다. 실제로 체육을 전공한 국제적인 운동 선수들이 건강하게 장수하고 있다는 이야기를 듣지 못했다.

요가에는 네 가지 요점이 있다.

하나는 천천히 동작을 하되 호흡을 맞춰서 하는 것이다.

다음에는 호흡에 동작을 맞추는 것이다.

그 다음에는 자기가 행하는 동작이나 자세에 정신을 집중하는 일이다. 눈을 감고 정신을 동작과 호흡에 집중하면 자기의 움직임에 따라서 그 부위에서 어떤 내재적인 힘을 느낄 수 있다. 영상을 머리 속에 그리면서 몸을 움직이면 반드시 어떤 특수한 현상을 느끼게 될 것이다. 이를테면 혀 끝을 위 이틀에 대는 동작을 할 때에 마음을 혀 끝에 집중하여 호흡을 조절하면 침이 혀 끝에 고이는 것을 알 수 있을 것이다.

마지막으로 한 번 움직인 동작에는 반드시 이완이 뒤따라야 한다. 이를테면 요가 운동을 하고 난 뒤에는 샤바 아사나(Śava āsana)를 행하여 이완시킨다.

사람의 몸은 운동을 하지 않으면 안 되게 되어 있다. 세끼 밥을 먹듯이 적당한 운동을 합리적으로 함으로써 건강을 유지하고 또한 질병을 예방하고 치료할 수 있다. 요가 운동도 마찬가지이다.

그러나 요가 운동의 궁극의 목표는 건강한 몸이 아니라 정신의 완전한 자유와 영성 계발이다. 그 목표에 이르려고 명상을 하는데 명상이 너무 힘들고 시간이 많이 걸리므로 이것을 해내기 위해 육체의 건강이 필요한 것이다.

오랜 시간의 명상, 계속되는 정신의 집중을 견뎌내려면 몸이 건강해야 한다.

정신 집중에는 많은 힘이 들고 정신 통일은 호흡과도 관계가 있다. 정신의 안정이 없이는 어떤 일정한 사물이나 목표에 정신을 집중시킬 수 없다. 그러므로 호흡의 조절이 요구된다. 정신 통일만이 아니라 건강에도 호흡이 관련이 있다.

건강과 쿰바카 호흡

인간의 호흡에는 두 가지 기능이 있다. 하나는 숨을 쉬어 공기 속에 있는 산소를 흡수하여 더러운 혈액을 새롭게 하여 세포 활력을 주는 일이다.

다음에는 인간의 신경에 대한 영향이다. 이것은 오늘날 의학적으로 충분히 연구되고 있지 않으나 요가에서는 호흡이 신경에 영향을 미친다고 보고 있다. 호흡을 제대로 잘 못하면 신경 작용에 장애가 오고, 인간의 신경을 강화하고 조화시키는 것이 또한 호흡이라고 본다. 요가는 호흡법으로 자율신경(自律神經)을 강화하려고 한다. 요가의 호흡 중에서 쿰바카(Kumbhaka)라고 하는 것이 직접 자율신경을 강화하는 것으로 알려져 있다. 자율신경의 강화는 바로 뇌에도 영향을 준다. 정신이 안정되면 뇌파를 지극히 안정된 파장으로 바꾸고 뇌파가 안정된 파장을 유지하면 마음에도 큰 변화가 일어난다. 그래서 특히 하타 요가에서 호흡과 운동을 발달시켰다.

현재 전해지는 요가는 종합적인 것이지만 먼저 몸을 건강하게 유지하고, 다음에 호흡으로 신경을 조화시키고, 다시 마음을 다스리도록 되어 있다.

몸의 건강을 위한 운동인 아사나(āsana)와 신경을 조화하는 호흡인 프라나야마(prāṇayāma)와, 감각을 억제하여 마음을 절대 안정으로 이끌어가는 수련인 프라트야하라(pratyāhara)와, 이에 따라 마음이 한곳으로 모이는 다라나(dhārāna)와, 다시 여기서 한곳에 모아진 마음이 대상과 하나가 된 상태인 쟈나(dhyāna)가 이루어지면 드디어 삼매의 세계에 들어가서 마음이 가장 이상적인 상태에 안주하게 된다. 이 삼매에 이르러서 비로소 몸과 마음은 완전한 조화를 이루고 주관과 객관이 신비로운 합일을 가져오며 우주적인 자각을 가지게 된다. 이 때에는 절대 평등한 신비적인 가치 속에서 우리의 생명이 새로운 가치를 창조하게 된다.

여기에 이르러서 건강은 성취되고 얼굴도 화기를 띠어 아름다와진다. 그러므로 오늘날 요가가 건강이나 미용에 이용되는 것은 당연하다.

요가에서는 숨을 닫는 쿰바카와 숨을 길게 내보내는 아파나(apāna)가 자율신경을 강화한다고 본다. 자율신경이 최대한으로 강화되면 초능력이 생긴다. 이것은 영성이 계발되기 때문이다.

교호호흡 / 인지와 중지를 구부려서 코옆에 댄다. 왼쪽 콧구멍을 막고 오른쪽 콧구멍으로 숨을 내쉰 다음 다시 오른쪽 콧구멍으로 숨을 들이쉬고 왼쪽으로 숨을 내쉰다. 익숙해지면 코로 숨을 들이쉰 상태에서 두 콧구멍을 누르고 멈춘다.

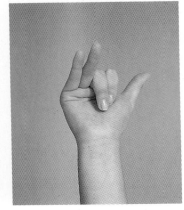

건강과 명상

요가는 마음과 몸을 통해서 인간을 가장 완전히 건강하게 하려고 노력해 왔다. 마음과 몸은 둘이 아니고 또한 하나도 아니다. 둘이면서 서로 밀접한 관련이 있는 존재이다. 그러므로 요가는 우선 현실적으로 마음과 몸이 나누어져 있으므로 이것을 잘 조화시키려는데 노력을 기울였다.

요가의 체계에서 몸을 조절하는 아사나와 호흡을 훈련하는 프라나야마와 더불어 마음을 조절하는 쟈나가 종합적으로 행해짐으로써 인간을 이상적인 상태로 가게 한다. 다시 말해서 생리적인 면과 심리적인 면을 조절해서 심신을 조화시키고 가장 건강한 상태로 이끌려는 것이다.

앞에서도 말했지만 인간은 신경이 잘 조절되고 강화되지 않으면 건강을 유지할 수 없다. 우리의 자율신경은 서로 상대적으로 작용하는 교감신경과 부교감신경으로 되어 있어 균형과 리듬의 조화가 이루어지지 않으면 생명 유지의 역할을 다하지 못한다. 이 자율신경계는 뇌의 척추신경계인 타율신경계통과는 달라서 우리의 의지로는 통제할 수 없다고 생각하는 것이 일반적인 견해이다. 그러나 최근의 스트레스 학설을 비롯하여 심신의학(心身醫學)에서도 의지의 힘으로 자율신경을 통제할 수 있음이 알려져 자율신경의 조절이나 통제를 중요한 과제로 삼고 있다. 이것을 요가에서는 몇천 년 전부터 해 왔던 것이다.

달인좌 / 발뒤꿈치를 항문과 성기 사이에 대고 반대편 발을 그 위에 놓는다.

인도의 요가 행자들이 심장의 고동을 마음대로 멈추게 하거나, 밀폐된 바위굴 속에서 동면하듯이 몇 달 동안을 살아 있는 따위는 이것을 증명한다. 그러나 이러한 특수한 예만이 아니고 실제로 명상을 하면 어떤 생리적인 반응이 일어나는지 과학적으로 실험한 것이 발표되고 있다.

캘리포니아 대학의 윙거 교수와 미시간 의과대학의 베이지 교수의 공동연구에 따르면 산소의 소비량과 탄산가스 배출의 변화가 첫째로 지적된다. 깊은 명상으로 들어갈수록 산소의 소비량과 탄산가스의 배출량이 감소된다고 하였다.

이러한 일은 명상에 들어가 있는 선승이나 요기들에게서 흔히 볼 수 있다. 인도의 요기 라마난다(Rāmānanda)는 명상 중에 산소의 소비량을 보통 사람의 최저 기준의 1/4까지 낮출 수 있었다.

특히 많은 학자들에게 알려지기로는 명상을 통해서 중추신경계나 자율신경계통이 이완되어 에너지의 축적이 높아지고 뇌파가 크게 변화한다. 명상에 든 사람의 뇌파는 알파파가 우세하고, 산발적으로는 시타파가 전두부에 나타난다. 그러므로 명상을 하면 대뇌피질에서 통제된 알파파가 그대로 유지될 수 있다.

이러한 사실은 명상이 신체에 미치는 영향을 알 수 있게 하여 특히 심신의학에서 요가를 질병의 치료법으로 채택하고 있다. 요가는 임상으로도 신경생리학으로도 충분히 학문적인 근거를 갖게 되었고 앞으로 예방 의학에서 더욱 그 가치를 발휘하게 될 것으로 생각된다.

결가부좌 / 왼쪽 허벅지 위에 오른발을 놓고 그 위에 왼발을 놓는다. 시선을 코끝에 집중하고 턱을 당기며 허리를 곧게 편다.

과거에 요가는 종교적인 목적을 달성하려는 사람들의 건강과 적응력을 위해서 행해졌다. 그들은 정신적인 갈등이 전혀 없는 상태에 있었다. 그러나 오늘날에는 이런 특수한 부류에 속하는 사람만이 아니고 신체의 건강과 정신의 안정을 갖고자 하는 사람들에게까지 필요하게 되었다.

질병의 예방과 치료를 위하여

현대 사회는 모든 면에서 다양화되면서 학문도 전문화하고 있다. 그러나 그것들을 종합하는 학문이 일어나지 않고 있는 실정이다.

소련에서는 운동 선수를 훈련하는데 요가를 이용하여 육체와 정신을 종합적으로 강화하는 사이버네이션(Cybernation) 방법을 써서 큰 효과를 보고 있다. 이러한 종합적인 방법은 우리 인간 생활이 하나 하나의 부분적인 지식으로 이루어진 것이 아니라 전체적이고 종합적인 관련성 속에서 이루어짐을 증명한다.

의학 면에서도 이러한 이론이 성립된다. 질병은 육체만으로 생기지 않고 정신적인 장애도 겸한다. 그러므로 육체적인 질병을 치료할 때에도 마음과 몸을 함께 치료하지 않으면 안 된다. 더구나 현대와 같은 복잡한 사회에서는 이것이 더 요구된다. 몸에 생긴 병의 원인을 마음에서 찾아서 그것부터 치료해 나가는 것이 사이버네이션 요법이다.

마음과 몸이 서로 관련을 갖고 서로 떠나지 않는 관계에 있는 사실에 주목하여 미국의 수학자인 오바트 위나가 '사이버네틱스'(Cybernetics)라는 새로운 학문 체계를 내세웠는데, 이것은 수천 년 동안에 걸쳐서 인도에서 행해지는 요가의 원리와 비슷하고 불교의 가르침과도 비슷하다.

현대 의학은 정신 질병이나 육체 질병을 심신종합요법으로 치료하기 시작했는데 최면을 건다거나 요가를 수련하는 따위가 그것이다.

독일의 정신과 의사인 슈르츠는 자기 최면 곧 자기가 자기에게 최면을 거는 방법을 생각했다. 이것이 자율훈련법(mind control autogamic training)이다. 이 '마인드 콘트롤'은 자기에게 암시를 주어서 최면 상태로 들어가는 기법이다. 명상은 자기의 심신을 완전히 이완 상태로 들어가게 하는 가장 좋은 방법으로 인정받고 있다. 심신의 질병은 거의가 지나친 긴장으로 받는 억압에서 비롯된다는 것이 정설이기 때문에 오늘날 정신과 의사들이 이러한 방법을 활용하고 있다. 슐츠의 자율훈련법은 요가로부터 암시받은 것이라고 한다.

요가의 명상은 어떤 대상에 정신을 집중시켜 긴장된 정신이 그 대상으로부터 벗어나게 하는 것이다. 이것은 실제로 심장의 맥박이 줄어들고 뇌파가 변화되어 스트레스가 풀린다. 자율훈련에서도 같은 현상이 나타난다.

또 명상을 하면 혈압이 낮아진다. 타율신경을 억제하기 때문에 자율신경이 강화되어 흥분을 가라앉게 되기 때문이다. 요가의 운동법 중에서 샤바 아사나는 완전한 이완 운동인데 정신과 육체의 완전한 이완으로 혈압을 낮아지게 하는 것이다.

또 명상을 하면 호흡의 폭이 확대되어 호흡의 수효가 줄어들어서 진폭이 크게 된다. 이것은 정신이 안정되면서 호흡이 저절로 조절된 것이다. 요가는 이런 점에 주목하여 호흡법을 개척하고 있는데 의식적으로 호흡의 폭을 크게 하는 호흡 훈련을 하여 1분에 6회까지 줄어들게 하고 있다. 이렇게 되면 정신의 안정이 따라오고 따라서 모든 질환도 극복된다. 이를테면 눈을 자주 깜박이는 사람에게 명상을 시키면 이런 증세가 없어진다.

요가가 심신의 조화를 가져와서 인격을 완성하고 질병을 예방하고 치료하는 것과 같이 심신요법이나 성격분석방법은 심신의 조화로써 질병을 극복하려고 한다. 그러나 오늘날 행해지는 과학적인 방법은 학문적으로 요가에 접근하고 있기는 하지만 많은 문제가 따른다. 명상이 가진 종교와 철학의 요소를 과학이 따르지 못하기 때문이다.

아무튼 요가의 훈련으로 실제로 질병을 치료한 예를 들면 다음과 같다.

인도의 요가 연구소는 심신증(心身症)과 정신병, 부비강염(副鼻腔炎), 척추증, 관절염, 그 밖의 기능적인 질환들이 지난 쉰 해 동안 요가 요법으로 어떻게 치료되었는지를 보고하고 있다.

또 의학이나 심리학 관계의 잡지나 국제심신의학회의 요가 심포지움에서 그 임상 효과가 보고되고 있다.

한 해 동안에 걸쳐서 매주 1 회 하타 요가를 실시하여 신경불안 증세나 우울증 환자의 치료에 효과를 보았음을 위시하여 요가의 체위법, 호흡법, 만트라 요가의 만트라(mantra) 염송, 명상법으로 불안, 우울, 강박관념, 공포증 따위가 치료되는 것이 실증되었다.

또한 일본의 쿠슈대학(九州大學)병원 심료내과(心療內科)에서 위, 십이지장궤양, 천식 같은 심신증 환자에게 요가 요법을 써서 좋은 효과를 보았으며, 또 당뇨병, 천식, 만성 소화기 질환을 요가로 치유한 임상 보고가 있다. 말레이지아 페라크에 있는 정신병원 원장은 만성 정신분열증 환자를 요가로 치료하였으며, 미국에서는 마인드 컨트롤 센터의 원장이 만성 통증을 치료하는데 요가를 응용하고 있고 오스트레일리아의 유명한 심리요법가인 미아스는 요가의 명상으로 암을 치료했다는 보고를 해서 눈길을 끌었다.

라쟈 요가 수행의 실제

라쟈 요가는 도덕과 육체와 마음의 수련을 목표로 하는 여덟 가지 부문으로 구성된다. 요가의 운동과 호흡법과 명상과 삼매를 자세히 살펴보자.

라쟈 요가의 체계와 조직

앞에서 말한 바와 같이 현교적인 요가 중에서 정신 수련을 위주로 하는 상캬 요가를 중심으로 하여 체계화한 것이 파탄잘리의 「요가 수트라」이다. 「요가 수트라」는 요가의 기본 경전으로 이에 의한 요가 수행을 라쟈 요가라고 한다. 상캬 요가는 뒤에 이 라쟈 요가로 흡수되었으며 라쟈 요가의 철학 사상은 상캬(sāṃkhya) 철학을 바탕으로 심리적인 면을 중요시한다. 그렇지만 도덕적인 면과 육체적인 면을 소홀히 하고 있지는 않다.

「요가 수트라」에 따르면 요가는 여덟 부문으로 구성되어 있는데 금계(禁戒, yāma)와 권계(勸戒, niyāma)는 도덕적인 면을 중시하고, 좌법(坐法, āsana)과 호흡법(呼吸法, prāṇayāma)은 육체적인 면을 중시하며 제감(制感, pratyāharā)과 응념(凝念, dhārāna)과 정려(靜慮, dhyāna)와 삼매(三昧, samādhī)는 해탈이라는 높은 경지와 직결되므로 도덕적인 것을 기본 조건으로 하는 명상이다. 나와 남에게 해를 끼치는 사람이 어찌 수행을 하겠는가. 그러므로 첫 단계에 다섯 가지 금계(禁戒)와 다섯 가지 권계(勸戒)를 실천하라고 한다.

다섯 가지 금계는 불살생(不殺生), 불망어(不忘語) 따위이다. 이것들은 나와 남을 위해서 어디에서나 언제나 지켜져야 할 도덕률이다. 그리고 보다 적극적인 다섯 가지 권계가 다시 나온다. 순결(純潔), 만족(滿足), 고행(苦行), 학송(學誦), 염심(念神)이 그것이다.

이것들이 잘 지켜져서 마음에 걸림이 없게 되면 드디어 본격적인 수행으로 들어갈 수 있다. 곧 요가 운동으로 몸을 건강하게 하고, 호흡을 정상적인 상태로 돌아오게 하고, 그 다음에는 마음의 수련으로 들어가게 된다. 이들 여러 단계는 낮은 데서 높은 곳으로 가는 것이 아니고 여덟 가지 단계가 동시에 이루어지도록 가르친다. 다시 말하면 사회적인 도덕률을 잘 지키면서 몸을 건강히 하고 호흡을 고르고 정신을 통일하여 절대 세계로 가는 것이다. 한 가지 운동 속에서 호흡이나 정신 통일이 동시에 이루어지고 있으며 각각 다른 단계에서도 부분적인 수련이 또한 철저히 요구된다. 요가는 이 여덟 부문이 종합적으로 잘 행해지지 않으면 한 가지도 완전히 행해질 수 없다.

요가 운동(āsana)의 실제

요가 운동은 질병의 예방과 치료만이 아니라 건강 증진에 뛰어난 효능이 있다고 알려져 있다. 그것은 요가 운동이 주로 신경 조직을 자극하여 그 작용을 순조롭게 하며 특히 자율신경 계통을 강화하고 내분비 기능을 정상화시켜 주기 때문이다.

요가의 호흡법 (prāṇayāma)

요가에서는 운동이나 호흡이 모두 마음을 수련하는 방편이라고 본다. 몸이 건강하지 않으면 정신을 수련할 수 없고, 호흡이 정상으로 조절되지 않으면 마음의 안정이 있을 수 없기 때문이다. 특히 호흡은 정신과 밀접한 관련이 있다고 본다.

호흡과 마음의 관계에 유의한 것은 요가의 위대한 발견이라고 할 수 있다. 호흡은 자율신경과 직접 관련이 있기 때문이다. 호흡을 의식적으로 조절함으로써 자율신경의 흥분을 조절하게 되면 감정의 움직임도 스스로 조절된다. 그리하여 드디어 몸의 건강도 유지되는 것이다. 그러므로 요가에서는 호흡법이 중요시되고 그 종류도 많다.

호흡법은 공복에 행하는 것이 좋다.

요가의 명상법

명상의 네 가지 단계

요가의 명상은 영어의 'meditation'이라는 말의 뜻대로 고요히 생각하는 것만은 아니다. 또 범어 쟈나(dhyāna)의 한역인 정려의 상태도 아니다. 오히려 생각이 극치에 이르러서 그것이 그치는 경지에 가는 것이다. 다시 말해서 묵상이나 정려에는 생각하는 것이 있으나 요가의 명상의 극치에는 생각이 완전히 끊어지고 만다. 그리고 이러한 경지에 이르면 높은 정신 능력을 계발할 수 있다.

요가의 명상은 낮은 단계에서 높은 단계로 가는 네 단계로 나누어서 설명할 수 있다. 이론적으로는 이와 같이 구별되지만 실제로는 명확히 구별하기 어려운 흐름 속에서 마음의 진행이 경험된다. 그러나 요가 수트라에서는 다음과 같은 네 단계를 말하고 있다. 그것은 제감

(制感)과 응념(凝念)과 정려(靜慮)와 삼매(三昧)이다. 그것을 좀더 자세히 설명해 보자.

제감(制感, pratyāhārā, sense control) 명상의 첫 단계인 제감은 외계의 사물에 이끌리기 쉬운 감각 기능이나 의식을 객관적인 사물에 이끌리지 않도록 하여 안으로 다시 끌어오는 것, 또는 외계의 대상으로부터 인상을 받아들이지 않으려는 마음의 조작이라고 말할 수 있다. 조작은 쉬운 일이 아니다.

인류는 오랜 시간을 살아오는 동안 자기를 보존하고 환경에 적응하기 위해서 늘 외계에 관심을 가져 왔으므로 우리의 마음은 본능적으로 외계로부터 받는 인상에 마음이 끌려가기 마련이다.

제감 곧 감각 기능의 억제가 마음의 이러한 본능적인 힘을 거부하거나 되돌리는 것이니 어찌 어렵지 않겠는가. 더구나 그것을 마음의 힘으로 행하려고 하면 너무 힘이 든다. 마음은 자기가 좌우하기 어렵기 때문이다. 그래서 요가에서는 여러 방법으로 그것이 가능하도록 훈련한다. 이를테면 가장 직접적인 방법으로 두 손으로 눈이나 귀를 가려서 외계로부터 시각이나 청각을 차단한다. 그러나 그렇다고 하여 외계의 영상이나 소리가 완전히 없어지는 것이 아니라 오히려 눈속에 아물거리는 영상이 있고 귓속에 다른 어떤 소리가 들리기도 한다. 그리하여 그 귓속에서 나는 소리 자체에 정신을 집중하거나 눈에 아물거리는 영상에 의식을 집중한다. 그렇게 하면 그 영상이나 소리가 여러 가지로 변화해서 나타나는 것을 알 수 있다. 눈속에 나타난 영상의 빛깔이 다양해지거나 크기가 달라지기도 하고, 귓속의 소리가 마치 천둥소리같이 되기도 하고 폭포수가 쏟아지는 소리가 되기도 한다. 또는 귀뚜라미 소리와 같이 가늘게 계속해서 들리기도 한다. 이렇게 진행되는 동안에 눈속의 영상이 아름다운 것으로 바뀌어 호기심을 가지고 바라보게 되고, 음악소리 같이 아름답게 들려 마음이 쏠리기도 한다. 그러는 동안 외부의 어떤 소리도 들리지 않는 경지에 이른다. 이렇게 되면 우리의 마음이 외계로 달려나가는 것을 억제하여 안으로 되돌릴 수 있게 되고, 보면서도 보지 않게 되어 자기의 어떤 상념에 잠길 수가 있게 된다. 이 때 우리의 마음은 본래 상태에 안주하고 있는 것이다. 이것이 다음 단계인 응념(凝念)으로 들어가는 준비 단계이다. 그러나 실제로는 제감 속에 이미 응념이 포함되어 있다. 이것을 「요가 수트라」는 "제감이란 여러 감각 기관이 각자의 대상과 결합되지 않기 때문에 마치 마음 본래의 상태와 같이 되는 것이다" 라고 하였다.

그러나 이런 마음도 언제든지 외계로 달려나갈 수 있고 완전히 부동 상태에 이른 것이 아니므로 다음 단계의 훈련을 해야 한다. 이 훈련이 응념의 세계로 가는 것이다. 제감이 이루어지면 마음이 자기에게 순종하게 된다. 그래서 수트라에서는 이렇게 말하였다. "그 결과 여러 감각 기관은 최고의 순종성을 가지게 된다."

응념(凝念, dhāranā, concentration)　　응념이란 '마음이 어떤 한 곳에 머물러 움직이지 않게 하는 것'이다. 곧 상념의 대상의 폭을 될 수 있는 대로 좁혀서 지극히 단순하고 작은 것에 마음의 초점을 맞추어 움직이지 않게 하는 것이다. 그것을 수련할 때 가장 쉬운 방법은 자기 몸의 한 부분에 정신을 집중하는 것이다. 단정히 앉아서 눈을 감고 고요히 숨을 쉬면서 코 끝이나 두 눈썹 사이의 미간(眉間)이나 배꼽에 의식을 집중시킨다. 이것을 유상관(有相觀)이라고 한다. 이렇게 하여 상념을 일정한 곳에 몰아놓을 수 있게 된 사람은, 어떤 한 추상적인 관념을 대상으로 삼아서 의식을 집중한다. 이런 것을 무상관(無相觀)이라고 한다. 유상관이나 무상관이나 마음이 하나의 단순한 대상에 머물게 하는 일은 쉬운 일이 아니다. 마음은 항상 움직이기 때문이다. 그렇다고 하여 억지로 마음을 잡아 매어 두려고 하면 더 복잡하게 움직이는 역효과를 낳는다. 그러므로 응념의 수련 도중에 마음이 움직여서 잡된 생각이 일어나면 그것을 억지로 제거하려고 하지 말고 예사로 여겨 넘기거나 원점으로 돌아오는 것이 좋다. 이러한 일을 되풀이하다 보면 어느덧 쉽게 마음이 한 곳으로 집중하여 움직이지 않게 된다. 그리고 잡음이나 사물에서 초연하여 마음의 안온함을 간직한다.

응념의 방법 중에는 밖으로부터 들어오는 것에 집중하는 방법말고, 순수하게 자기 마음 속에서 일어나는 것을 고요히 살펴보는 방법도 있다. 이러한 내성의 힘이 얻어지면 자기의 상념의 흐름을 따라서 계속해서 성찰할 수 있게 된다. 이러한 내관(內觀)의 힘이 얻어지면 안과 밖의 어떤 사물을 항상 진실하게 파악하는 문으로 다가서게 된다. 이것은 마치 고요한 물에 비유할 수 있다. 물이 잔잔하면 사물의 영상이 비춰지기 때문이다.

응념의 세계를 「요가 수트라」는 이렇게 설명한다. "응념은 마음이 어느 곳에 매이는 것이다."

정려(靜慮, dhyāna meditation)　　응념이 마음의 작용을 집약시키는 것이라면 정려는 마음의 작용을 계속해서 확대시키는 것이다. 곧 응념의 확대가 정려이다. 응념으로 사물을 정확하고 명석하게 파악하면 그 상념의 흐름이 자유자재로 다른 상념으로 옮겨 가서 처음과 다름없는 정확성과 명석함을 유지할 수 있다. 이러한 상태가 곧 정려이다.

그런데 흔히 일상적인 상태에서는 어떤 것에 정신을 집중하다가도 다른 것으로 옮겨가면 상념의 흐름이 끊겨 정확하고 명석한 판단이 계속되지 못한다. 이것은 정려가 아니다. 「요가 수트라」에서는 "정려는 그 일정한 곳에 의식 작용이 한결같이 집중된 상태이다"라고 하였다. 수트라에서는 '같은 것의 흐름'이라고도 하였다. 의식하고 있는 대상과 결부된 의식 작용이 한결같이 흘러서 한 표상만이 마음을 계속해서 점유하는 것을 말한다.

삼매(三昧, samādhī, contemplation)   삼매는 지금까지의 단계와는 차원이 다르다. 삼매는 이미 의식의 집중이나 확대 같은 어떤 작업도 있지 않다. 여기에는 의지적인 노력이 전혀 없다. 응념에서 정려로 진행된 심리 작업의 전개가 완전히 끝났을 때에 스스로 나타나는 경지가 삼매이다.

마음이 문득 삼매의 경지로 몰입해 버린다고도 표현할 수 있다. 이러한 삼매는 깨달음이나 계시(啓示)라고도 할 수 있고, 흔히 돈오(頓悟)라고도 한다. '깨달음'이라고 한 것은 삼매의 상태에서 문득 지혜의 빛이 나타나기 때문이다. 「요가 수트라」에서는 이것을 "삼매는 한결같은 상태에서 그 대상만이 빛나고 자기 자신은 없어진 것같이 되는 것"이라고 했고 "예지가 빛난다"고도 했다. 예지란 지혜(prajñā)이다. 삼매 상태에는 주관과 객관이 완전히 하나가 되어 주관이 없어진 것 같으므로 상념의 대상은 그 자체로서 존재하고 스스로 움직이며 전개되는 것처럼 느껴진다. 이 때에는 우리의 마음이 본래 상태에 안주하고 참된 자아가 확립된다. 텅 빈 것이 아니고 구체적인 내용을 가진다.

삼매의 세계를 오늘날의 철학 용어로 말하면 지적 직관(知的直觀)이라고 할 수 있다. 뛰어난 지혜가 나타났을 때에는 명상의 목적은 달성된 것이다. 인간은 이러한 지혜를 얻음으로써 본디 갖고 있는 불가사의한 힘을 발휘할 수 있고 어디에도 결점이 없는 대자유인으로서 해탈의 경지에 드는 것이다.

하타 요가 수행의 실제

현대에 와서 요가를 대표하는 것으로 전세계에 소개된 것이 하타 요가이다. 이것은 육체적이고 생리적인 조작을 주로 한다.

하타 요가의 행법 체계

하타 요가(Haṭha-yoga, 힘의 요가)는 탄트라(tantra)의 사상을 받드는 요가 수행자들 사이에서 전승되던 요가 체계를 10 세기 또는 13 세기의 사람이라고 일컬어지는 고라크샤 나타(Gorakṣa Nātha)가 집대성했다고 알려져 있다. 그는 북인도에서 활약한 시바파에 속하는 성자이다.

그는 하타 요가의 행법을 집대성하여 「하타 요가」와 「고라크샤 샤타카」(Gorakṣa śataka)라는 책 두 권을 저술했으나 「고라크샤 샤타카」만이 전해지고 있다. 그 뒤에 16, 17 세기에 이르러서 스바트마라마(Svātmārāma)가 「하타 요가프리디피카」(Haṭha yoga pradipikā)를 저술하여 이 방면에 대하여 명쾌하게 소개했다. 다음에 저자가 알려지지 않은 「게란다상히타」(Gherandasamhitā)와 「시바 상히타」

(Śiva samhitā)가 나왔다. 시바파에 속하는 고라크샤 나타는 고라크
나토(Goraknato)라고 부르기도 하는데 시바신의 배우자 격인 샤크
티를 숭배하는 샤크티파와 밀접한 관계가 있고 인도교 중에서 탄
트라에 속한다. 따라서 하타 요가는 밀교적인 요가이다.

　상캬 요가가 주로 심리적인 조작을 하는 데 견주어 하타 요가는 육
체적이고 생리적인 조작을 주로 하고 쿤다리니는 여성적인 원리를
중요시한다. 따라서 에로티시즘을 가지고 있는 점으로 보아 인도에
서 불교의 말기에 일어난 비밀 불교와 상통하는 점이 있다. 현대에
는 하타 요가가 요가를 대표하는 것으로 전 세계에 소개되고 있다.

　하타 요가는 원래는 요가 행법 중에서 예비 부문에 속한다고 생각
된다. 「구흐야사마쟈 탄트라」(Guhyasamaja tantra) 속에서는 하타
요가를 우파사다나(Upasadhana, 副行法)라고 하여 네 단계 속에서
둘째 단계라고 말하였다. 이 책을 20 세기 말쯤에 시호(施護)가 한역
한 「一切如末金剛三業最上秘密大敎王涇」에서는 '근성취'(近成就)라
고 하여 예비적인 것으로 보고 있다.

　이와 같이 하타 요가는 요가의 성취를 위한 예비적인 행법이면서도
해탈을 위한 모든 행법을 말하고 있다. 「고라크샤 샤타카」에 따르
면 하타 요가의 체계는 여덟 부문으로 나뉜다.

　야마(禁戒), 니야마(勸戒), 아사나(坐戒), 프라나야마(呼吸法),
프라트야하라(制感法), 다라나(凝念法), 쟈나(靜慮法), 삼마디(三昧
法)가 그것이다. 따라서 파탄쟐리의 체계와 다를 것이 없지만 내용
은 다른 것이 많다.

하타 요가의 수행법과 그 신비

　하타 요가는 육체의 힘을 최대한으로 계발하여 그것을 영혼의 힘

속으로 몰입시키려는 것이다. 따라서 육체의 힘과 정신의 힘이 삼매의 상태에서 결합될 때에 온 몸에 법열의 최고의 기쁨이 가득차고, 개인 의식은 최고의 실재인 우주 의식과 합일된다. 그러므로 먼저 육체의 힘을 계발하기 위해서 독특한 체위법을 고안해 냈고, 호흡법으로 독특한 쿰바카(Kumbhaka)호흡법과 반다(Bandha)법과 무드라(Mudrā)법 들을 개척했다.

이들 하타 요가의 독특한 수행법과 설명이 「하타 요가 프리디피카」, 「게란다 상히타」, 「시바 상히타」 들에 나와 있다. 이 하타 요가의 교전들은 아사나의 설명에서도 탄트라적인 독특한 설명을 하고 있는데, 「하타 요가 프리디피카」 한 가지에서만 예를 들어 보자.

"배꼽이 위에 있고 입이 밑에 있는 자세를 취할 때에 해는 위에 있고 달은 밑으로 온다. 이 비파리타(Viparīta, 逆轉)라는 카라니(Karaṇī, 行爲)는 구루(guru, 師)의 입을 통해서 배우지 않으면 안 된다."

"이 무드라(mudrā)를 매일 배우면 식물을 소화시키는 불이 강해진다. 그리하여 이 무드라의 행자에게는 풍부한 식물이 주어져야 한다. 만일 먹을 것이 부족하면 소화의 불이 순간적으로 몸을 태울 것이다. 머리를 밑으로 하고 발을 위로 하는 체위는 첫날은 잠시 동안에 머물지 않으면 안 된다. 그리고 매일 조금씩 시간을 늘린다. 그리하여 육 개월 뒤에는 주름살과 백발이 없어진다. 매일 1야마(yama, 3시간)씩 이를 행하면 죽음을 극복할 수 있을 것이다."

인간의 척추를 수미산에 비유했고, 그 가운데 달과 해가 몸 안에서 돌고 있다고 생각했다. 달은 연구개의 위에 있어 구멍을 통해서 흘러내린다. 그 감로는 체내를 흘러내려와서 배꼽 근처에 있는 해에 의해서 소비된다. 그러므로 인간은 영원히 살 수는 없다. 그러나 그 흐르는 구멍을 막아서 감로가 흐르지 않게 하면 육체가 죽지 않는다고 생각한다. 그래서 거꾸로 서서 감로가 흘러내리지 못하게 한다. 여기에 하타 요가의 독특한 설명이 보인다.

하타 요가는 하나 하나의 운동의 동작에서도 탄트라적인 세계관과 인생관에 의해서 이해되며 또한 챠크라와 쿤다리니의 이론에 의해서 설명된다. 그러므로 하타 요가를 이해하려면 챠크라와 쿤다리니 이론을 이해할 필요가 있다.

챠크라의 신비

챠크라는 '바퀴'(輪)라는 뜻인데 '모여 있는 곳'을 말한다.

챠크라는 인간이 갖춘 모든 소질이 가능성을 간직한 채 잠자고 있는 장소이다. 생명력인 프라나(prāna)가 이곳에 흘러오지 않으면 그 가능성이 깨어나지 않아서 잠재된 능력이 계발되지 않는다. 그러므로 여신으로 상징되는 거룩한 힘인 쿤다리니를 요가 행법으로 눈뜨게 하면 뱀같이 생긴 이 불기둥이 힘있게 수슘나(Susmuna) 기도(氣道)를 따라서 상승하여 이 기도에 있는 여섯 개의 챠크라와 세 곳의 결합부를 뚫고 머리 위에 있는 사라스라라 챠크라(Sasrāra cakra)에 머물고 있는 시바신과 합일한다.

그리하여 쿤다리니는 다시 아래로 내려오지만, 수슘나 기도는 쿤다리니의 상승으로 개통하였으므로 이다(iḍā)와 핑갈라(pingalā)의 두 기도를 흐르는 프라나는 수슘나 기도로 흘러들어온다. 그 결과 삼매의 상태가 나타나게 되고 모든 챠크라가 계발되어 초능력도 나타난다. 이와 같이 챠크라는 우리 생명력의 신비한 저장소이므로 이곳을 계발하면 인간의 무한한 가능력을 계발하게 된다. 이렇게 함으로써 육체와 정신의 능력이 계발되어 진리를 체득하게 된다. 따라서 육체는 우주 진리 그것이다.

힌두교나 비밀 불교에서 가장 중요한 것은 진리를 획득하기 위한 매개체로서 육체를 중요시하는 일이다. 우리의 몸은 소우주이다. 특히 하타 요가에서는 육체를 진리가 머무르는 곳으로 생각한다. 곧 우리의 육체는 우주의 축소물이요, 우주의 진실 세계의 구현체라고 본다. 그러므로 신체의 각 부문에 바다나 산이나 강 들을 배치하여 자기의 육체와 우주와를 완전히 같이 보려고 노력한다.

따라서 하타 요가를 비롯하여 비밀 불교를 포함한 모든 탄트라의 이론에는 육체의 분석, 신경조직이나 신경총에 해당하는 챠크라를 통한 우주의 진실, 다시 인체의 생리학적이고 생물학적인 조작을 통한 육체의 궁극적인 진리를 구현시키기 위한 매체로서 얀트라(yantra)를 중요시한다.

일반적으로 탄트라 신앙에서는 우주의 진실은 우리 인체 조직 속에 존재한다. 곧 우주의 축(軸)인 수미산(須彌山)에 해당하는 것이 인체의 등뼈이다.

「시바 상히타」는 "이 육체 속에 메루(meru)산이 있어 일곱의 섬에 둘러싸여 있다. 거기에는 강이 있고 바다가 있고 산이 있고 밭이 있고 영주가 있다"고 했다.

이 등뼈는 지극히 오묘하고 장원하여 온 세계를 소멸하는 최고의 진실인 동혈(洞穴)이 있다. 최초의 것은 무라다라 챠크라(mūladhara cakra) 곧 꽁무니뼈에 있는 신경총(생명력의 저장소)이다. 그 위에 챠크라가 네 곳(여섯 개나 일곱 개라고도 한다)에 있는데 배꼽 부위 뒷쪽의 허리 부위, 심장, 척추와 숨골의 접합점에 있는 목 뒤, 미간의 뒤 송과선의 부위, 머리 위의 대뇌가 그곳이다.

힌두교의 탄트라에서는 여섯 개의 챠크라를 말하고 불교에서는 배꼽과 심장과 목의 세 개의 챠크라를 말한다. 불교에서는 이들 배꼽과 심장과 목의 세 챠크라에 저마다 응신(應身), 보신(報身), 법신(法身)을 배치한다. 힌두교의 챠크라가 우주의 근본 능력임에 견주어 불교의 챠크라는 그것이 곧 부처이다.

챠크라는 연꽃 모양을 하고 있다고 한다. 이와 같은 이론에서는 수효와 위치와 내용이 각각 다르게 설명된다. 「헤루가 탄트라」에서는

"두부에 있는 마하수카챠크라(mahasukha cakra, 大業輪)에는 네 가지 거룩한 진리(四聖諦)인 네 개의 꽃잎을 가진 연꽃이 있다. 그것은 청정하고 일체를 담는 그릇이요, 종자로서 깨달음의 둥근 성질을 가지고 있다. 밖은 32의 꽃잎을 가진 연꽃이요, 안에는 보리심과 달의 성질을 가진 하(ha)자다. 그 안에는 여성과 더불어 지극한 행복을 누리는 요기니(yogini)가 있다. 그 옆에 알리(ali)와 칼리(Kali)의 성질을 가진 라라나(lalana)와 라사나(rasana)가 있다. 그리고 최고의 여신이 근본적인 환희의 성질과 불이성(不二性)을 가지고 있다"고 말한다.

하타 요가 사상의 밑바탕에 깔린 쿤다리니와 챠크라의 이론은 매우 중요하다.

인간의 개체는 영혼을 둘러싼 여러 몸으로 되어 있다. 거기에는 몸도 아니고 마음도 아닌 미세신(微細身, sūkṣmaśarīra)이라는 또 다른 몸이 있어 볼 수 없는 미세한 생명력인 푸라나가 흐르는 기도(氣道)인 나디(nadī)가 이 몸 속을 관통한다. 이 나디 속에 프라나가 흐르는 관이 72000 개가 있다고 한다. 이것을 통해서 척추로 에너지가 흐른다. 요가는 이 미세한 생명력을 무드라(mudrā)의 행법을 통해서 원활히 유통시켜서 아래에서 위로 올라가게 한다고 말한다.

쿤다리니의 비밀

하타 요가에서는 인간이 본디 가진 모든 힘, 다시 말하면 육체와 정신과 영의 힘을 계발하는 것을 목표로 삼는다.

그러므로 요가 행법의 배후에는 쿤다리니 사상이 있고 차크라와 같은 신비한 생리적인 사상이 있다. 이러한 사상이나 이론은 고대 인도의 수행자들이 직관의 통찰력을 통해서 갖게 된 것이므로 오늘날의 과학적인 실험의 관찰로는 이해하기 어려운 신비한 것이 있다고 하겠다.

그들은 인간을 몇 겹으로 둘러싸인 여러 층으로 되어 있다고 본다. 육체는 가장 밖의 층에 속하고 안쪽으로 들어갈수록 미세한 층으로 되어 있는 것이다.

가장 오래된 이러한 사상은 우파니샤드 속에 나오는데 오장설(五藏設)이 그것이다. 곧 가장 밖에 있는 육체는 식물을 섭취해서 이루어지는 나(食所成我), 그 안쪽에 생명 에너지인 프라나로부터 된 나(生氣所成我)가 있고 다시 그 안에 의식적인 심리작용을 일으키는 나(意所成我)가 있고 그 안쪽 깊은 곳에 인식력을 가지고 사물을 판단하는 이성적인 나(識所成我)가 있고, 다시 더 깊은 곳에 거룩한 최고의 복락으로 된 나(勸善所成我)가 있다고 한다. 이와 같이 인간은 밖으로부터 안으로 들어가면서 겹겹이 싸인 다섯 가지 층으로 되어 있는데 깊은 곳에 정신적인 것이 자리잡고 있다. 이것을 현대적으로 이해하면 겉에 물질 요소로 된 육체가 있고, 그 안에 물질과 정신이 결합해서 생명이 이루어지는 생명력이 있고, 그 안에 이 생명력을 유지하는 본능의 힘이 있고, 다시 그 안에 지성의 힘이 있고, 다시 안쪽에 이것을 통솔하고 수용하여 자기 자신으로 간직하는 영적인 힘이 있다는 것이다. 이것들은 오늘날의 정신분석학, 심신의학, 초심리학, 심령과학 같은 분야에서도 연구하고 있지만 완전히 이해되지 못한 상태이다.

하타 요가에서는 우파니샤드 이래의 이런 학설을 직감으로 파악하여서 인간의 개체 속에 있는 쿤다리니와 그것이 뭉쳐 있는 챠크라를 발견하게 된 것이다. 이들은 인간이 마음(정신)과 몸만으로 된 것이 아니고 이와 다른 우주적인 유미(幽微)한 것이 있음을 알게 된 것이다. 이것이 미세신이다. 이것은 눈으로 감지할 수 없지만 몸 속에 생명력으로서 흐른다. 이 생명력은 우주적인 힘으로서 해와 달의 원리에 따라 흐르고 있고, 밤과 낮의 시간적인 교체의 원리에 지배되고 있다. 이것을 종교적으로 파악한다면 순수 정신적 원리인 시바신과 그것이 구체적으로 나타나는 샤크티 여신이 우리 몸에 있고, 그것이 합일한 상태가 망아(妄我)의 상태이다.

쿤다리니와 챠크라의 이론은 우주적인 이러한 두 원리가 인간 속에 나타나 있는 것을 말한 것으로 요가 행법을 통해서 꽁무니뼈에 존재하는 샤크티 여신과 머리 위에 존재하는 시바신이 합일하게 되면 두 신은 해체되어 근본으로 돌아간다는 것이다. 곧 두 원리로 만들어진 세계 창조의 과정은 그와 반대 방향으로 돌아 들어감으로써 본래의 모습으로 돌아간다. 이 때에 요가 행자는 모든 시간적인 속박 속에 사는 고(苦)로부터 해방되어 절대 자유를 누리게 된다. 이러한 것은 요가를 통해서 얻어지는 종교적인 체험이다. 챠크라나 쿤다리니는 현대 과학으로 아직 완전히 해명되지는 않았지만 요가를 연구한 의사나 심리학자에 따르면 챠크라는 유체(幽體, astral body)에 존재하는 심령 에너지의 중심이요 신경총에 해당하고 그 속에 우주적인 모든 요소가 간직되어 있는데 그것이 쿤다리니라고 설명한다. 아무튼 오늘날 과학적인 연구를 통해서 이 챠크라와 쿤다리니의 신비가 벗겨질 것으로 기대된다.

불타와 요가

　흔히 불교인은 요가를 외도로 생각하여 불교는 요가와 다르다는 선입견을 갖는다. 여기에서는 불타와 요가가 어떤 관계에 있는지를 간단히 살펴보려고 한다.

불타와 여섯 해의 고행

　불교가 요가와 관계가 있는지 없는지는 오늘날 본격적으로 다루어지고 있지 않다. 불타가 히말라야에 입산하여 여섯 해를 고행하다가 그만두고 보리수나무 밑에서 명상에 잠겨 드디어 진리를 깨달았다는 것을 어떻게 생각해야 할까? 왜 그는 여섯 해의 고행을 포기했을까? 이 문제를 해결하기 위해서 고대 인도에서 행해지던 고행이 어떤 것이었는가를 먼저 알아야 하겠다.

　타파스(tapas)라고 불린 고행(苦行)은 고대 인도의 유일한 수행법으로서 모든 수행자가 택한 길이었다. 그것은 베다(Veda) 시대로부터 우주 창조의 동기를 주는 신비력을 가리키는 것이었고(無有讚歌), 우파니샤드 시대부터는 인간 완성, 곧 해탈이나 불사(不死)나

지극한 행복을 가져다 주는 유일한 행법이었다. 그러므로 석존도 고행림(苦行林, tapovana)으로 들어가서 여섯 해 동안 고행한 것이다.

불타 시대에 행해지던 고행은 그것이 곧 신비력을 얻는 길이었다. 그리하여 29세의 젊은 싣달다는 인생의 최대의 고뇌인 생노병사를 해결하기 위해서 출가하여 알라라칼라마(Ālārakālāma)와 웃다카라마풋타(Uddakarāmaputta)라는 두 선인에게서 6년 고행을 닦았다. 그러나 그 고행림에서의 생활이 생노병사를 해결하는 데 무의미함을 알고 붓다가야의 보리수 밑에서 깊은 명상에 잠겨, 드디어 35세가 되는 해에 크게 깨달음을 얻고 불타로서 살다가 80세에 입멸하였다.

기록에 따르면 불타는 깨달은 뒤에도 항상 명상 속에서 떠나지 않으시니 성도 뒤에도 7주 동안 선정을 즐겼다고 하고 또 불타로서의 생애에서 어느 때에는 보름 동안 입정하기도 하고 두 달이나 석 달 동안 명상에 잠겨 깨어나지 않고 있어서 그 사이에는 식사 시중을 드는 사람말고는 일체 만나지 않고 선정에 드셨다고 전한다. 그러므로 불제자들도 항상 명상을 닦았다.

불타가 그러한 어려운 수행을 이겨낼 수 있는 체력과 심성을 가졌던 분이지만 그의 힘은 어디에서 나온 것이었을까? 보리수 밑에서 금강좌에 앉아 "여기서 내가 깨치지 않으면 일어나지 않겠다"고 결심하고 정진한 육체와 정신의 힘은 요가 수행의 결과가 아닐까?

아무튼 석존 시대를 전후해서 일반적으로 행해지고 있던 고행주의의 기초에는 타파스의 개념이 있다. 타파스는 「마하바라타」(Mahābhārata)에서 사용된 개념만으로 보더라도 160개의 통례가 있는데 주로 베다의 생천(生天)의 덕목이 되었고 또한 신비력을 얻는 길이라는 개념이었다. 그래서 수행에서 타파스는 진실, 지혜, 약물(藥物), 수은(水銀)과 더불어 중요시되었다. 격렬한 고행, 실행하기 어려운 고행이 있고, 마하 타파스는 신비력의 실체의 정도를 나타내는 말이고, 또 타파스의 힘을 나타내는 말로서 빛나는 고행, 소각의 고행 들은 그의 열력의 힘을 나타낸다.

이처럼 고행은 인간의 절대적인 능력을 얻는 방법이었으므로 고행을 닦고 고행의 힘을 갖춘 자에게 보시함으로써 그 공덕이 출가의 수행자에게 받아들여지고, 그것이 다시 축복(vara)의 형식으로 재가의 보시자에게 돌아가게 된다. 그러나 재가자의 보시가 만족하지 않을 경우에는 타파스의 발동은 오히려 주(呪, mantra)의 형태로 나타난다. 그리하여 수행자의 저주는 바라문의 무기요, 무사의 힘이었다. 여기에서 고대 인도 사회에서 바라문 계급이 무사 계급보다 우위에 있게 된 까닭을 알 수 있다.

이 밖에 타파스로 얻을 수 있는 것으로서 천리안(千里眼)과 신비한 지혜, 생전이나 사후에 갈 수 있다는 바라문의 지위, 천계향수(天界享受) 따위가 있다. 우주의 생과 멸이나 인간의 생멸도 타파스의 영역이요, 어떤 죄악이라도 씻을 수 있으며 강신술, 변신술, 연명장수의 주력, 기적 들이 가능하였다.

아무튼 타파스로 가능하지 않은 것은 죽음과 운명뿐이다. 그러므로 불가능한 것들은 신에게 귀의(bhakti)하거나 철학적인 지식으로 풀 수밖에 없다고 생각하였다. 여기에서 새로운 사상이 싹이 트게 되었다. 그리하여 예부터의 전통적인 덕목을 배척하고 새로운 개념을 모색하게 된 것이다. 그러면 이와 같이 타파스에 대한 힘의 한계를 느끼게 된 원인은 어디에 있었는가?

고행의 한계

고행의 한계성을 느끼게 된 것은 자연스러운 시대의 흐름이기도 하다. 첫째, 타파스의 마술성에 대한 회의이다. 타파스가 인간의 세속적인 욕망을 채워 주는 것이라면 그것은 이욕(離慾, vairagya)이

라는 궁극적인 해탈의 세계와는 다른 것이요, 그렇다면 타파스로는
궁극적인 해탈이나 열반을 실현할 수 없음을 알게 된 것이다. 이것은
타파스가 임서기(林棲期)의 수행법에 지나지 않고 참된 이욕에 도달
할 유행기(遊行期)의 행법이 아니었기 때문이다. 이런 뜻에서 보더
라도 종교적인 수도자가 끝내 갈 길은 아니었다.

　그리하여 불타는 이런 고행을 버리게 되었고 타파스의 개념이나
내용을 순화하여 이것을 오로지 자기 도야를 위한 혁신적인 새로운
길로서 채택한 것이다.

　이것이 바로 불타가 취한 중도(中道)의 실천이었다. 불타는 고행
의 하나인 쿰바카의 지식(호흡) 대신에 수식관(數息觀)을 채택하여
현실 생활 속에서 즐겁게 사는 길(現法喜住)인 새로운 중도의 조신
(調身)과 조식(調息)을 실천하였다. 불타는 타파스의 고행으로 몸과
마음을 닦아 심신의 오염을 소멸시키고 몸과 마음의 자재를 얻은 다
음, 다시 나아가서 지혜로써 죽음의 문제를 해결한 것이다.

고행과 요가는 다르다

　불타는 고행을 그만두고 오로지 요가의 길을 택했다. 요가(yoga)
라는 말은 yog-a(yuj-a)라고 할 경우에는 어떤 상태나 실체를 뜻하고
yog-i(yuj-i)라고 할 때에는 '결합하다'의 뜻이 된다. 요가는 '결합
하다'라는 뜻과 더불어 삼매의 뜻도 있으므로 삼매에 의해서 고도한
철학의 지혜를 얻게 되고, 종교적인 궁극의 세계에 안주할 수 있게
된다. 「요가 수트라」에서 보더라도 요가가 고행주의가 아님을 알 수
있다. 「요가 수트라」에서는 과격하거나 미온적인 수행을 경계하고
몸과 정신의 건강과 호흡의 안정 그리고 사회에 대한 덕목을 강조하
고 있으니 요가는 세상을 떠나서 숲속에서 고행하는 것이 아니다.

참고 문헌

이태영, 『요가의 이론과 실천』, 민족사, 1988.

정태혁 역, 『요가의 원리와 수행법-이것이 요가다』, 법문사, 1967.

정태혁, 『요가의 신비』, 백산출판사, 1993.

정태혁, 『인도종교철학사』, 김영사, 1985.

정태혁, 『인도철학』, 학연사, 1984.

關口野薔微, 『Yoga 根本敎典 Ⅰ, Ⅱ』, 平河出版社, 昭和 51年 (1976).

S. Das-pupta, *A History of Indian Philosophy*, University of cambridge press, India, 1969.

＊요가에 대하여 좀더 자세히 알고 싶은 분들은 『Maitrayana-upanisad』, 『Bhrgavadgita』, 『Yoga-upanisad』, 『Taityria-upanisad』, 『katha-upanisad』, 『Yoga-sūtra』 등의 원전(元典)을 찾아보시기 바랍니다.

빛깔있는 책들 204-1
요 가

글 ㅣ 정태혁
사진 ㅣ 주종설

초판 1쇄 발행 ㅣ 1989년 5월 15일
초판 10쇄 발행 ㅣ 2015년 1월 5일

발행인 ㅣ 김남석
발행처 ㅣ ㈜대원사
주   소 ㅣ 135-945 서울시 강남구 양재대로 55길 37, 302
전   화 ㅣ (02)757-6711, 6717~9
팩시밀리 ㅣ (02)775-8043
등록번호 ㅣ 제3-191호
홈페이지 ㅣ http://www.daewonsa.co.kr

값 8,500원

Daewonsa Publishing Co., Ltd
Printed in Korea 1989

ISBN ㅣ 978-89-369-0086-1

빛깔있는 책들